Rechtskultur Dogmatik

Band 7

Herausgegeben von
Martin Löhnig (Regensburg)

Katharina Stöcklmeier

Statusbeziehungen versus gelebte Solidarität

Das Erbrecht des Stiefkindes *de lege lata* und *de lege feranda*

Rechtskultur Dogmatik

Edition Rechtskultur im Förderverein Europäische Rechtskultur e.V., Regensburg
www.edition-rechtskultur.de
Satz und Gestaltung: Carola Brand und Eva Lackner, Regensburg
ISBN: 978-3-96374-040-4

Vorwort

Die Arbeit wurde im Wintersemester 2018/19 von der Fakultät für Rechtswissenschaft der Universität Regensburg als Dissertation angenommen.

An erster Stelle möchte ich meinem Doktorvater Professor Dr. Martin Löhnig danken, der mich bei der Erstellung dieser Arbeit in fachlicher und persönlicher Weise in einem besonderen Maß unterstützt hat.

Ebenfalls herzlich bedanken möchte ich mich bei Frau Professor Dr. Inge Kroppenberg für ihre Unterstützung und ihr persönliches Engagement während meiner Zeit als Mitarbeiterin an ihrem Lehrstuhl.

Mein größter und wichtigster Dank gilt meinen Eltern, meinem Ehemann und meinen beiden Töchtern. Sie haben mich durch die Höhen und Tiefen dieser Arbeit begleitet und durch ihre immerwährende Unterstützung, ihren Rückhalt und ihren liebevollen Zuspruch wesentlich zum Gelingen dieser Arbeit beigetragen. Ihnen ist diese Arbeit gewidmet.

Regensburg, im Herbst 2019
Katharina Stöcklmeier

Inhalt

I. Kapitel: Einführung

Die Familienkonstellation „Normalfamilie", also die Familie, in der die Partner bis zu ihrem Tod durch die Ehe verbunden sind und mit ihren gemeinsamen Kindern zusammenleben, rückt in den letzten Jahren immer mehr in den Hintergrund.[1]

Die äußere Form der Familie verliert an Aussagekraft, explizit der Leitgedanke, Ehe und Elternschaft seien unumgänglich miteinander verbunden. Solidarität und Verantwortungsübernahme in Familien finden in Deutschland zunehmend auch außerhalb der Ehe und der leiblichen Elternschaft statt. Diese Tatsache resultiert unter anderem aus den veränderten gesellschaftlichen Rahmenbedingungen des familiären Zusammenlebens.[2] Die Zahl der Eheschließungen geht zurück, während die Scheidungsziffern steigen[3], und so rücken neue familiäre Lebensformen immer mehr in den Vordergrund. Stirbt die „Normalfamilie" aus?[4] Diese Frage wird besonders in den rechtswissenschaftlichen und soziologischen Wissenschaften immer häufiger diskutiert.[5] Als Folge von Trennungen und Scheidungen, Wiederverheiratung, künstlicher Befruchtung, Leihmutterschaft und nichtehelichen Lebensgemeinschaften entstehen nicht nur neue Familienformen; es bilden sich auch neue Elternschafts – und Kindschaftskonstellationen.

Soziale Beziehungen und ihre reale Gestaltung innerhalb der Familie gewinnen an Bedeutung.[6] Kinder leben viel mehr als früher in Familien, in denen nur ein Elternteil das Sorgerecht für sie besitzt und der andere Partner nicht der leibliche Elternteil ist. Die Stieffamilie oder neudeutsch die sog. Patchworkfamilie, die sich häufig aufgrund einer Neukonstituierung der Familie, sei es aufgrund von Scheidung oder Tod eines Elternteils, bildet, stellt keine Ausnahme mehr dar. Vielmehr gehört sie, unabhängig davon, ob die Partner verheiratet sind, längst zu den heute gewählten Familienformen. Sie ist eine gesellschaftlich akzeptierte Institution des heutigen sozialen Lebens und das sich wohl am schnellsten ausbreitende Familienmodell der westlichen Welt.[7] Gerade auch in der Form der nichtehelichen Lebensgemeinschaft tritt diese Familienkonstellation immer mehr in den Vordergrund. Zur Aufwertung der nichtehelichen Lebensgemeinschaft im Vergleich zur Ehe trägt wohl auch die Aufwertung der Familie an sich bei.[8] Nicht mehr

---

1 Grziwotz, FamRB 2003, 232; Träger, Familie im Umbruch, S. 19.

2 Hausmann, DNotZ 2011, 602.

3 Genauer gesagt wurden 2015 von 400 115 geschlossenen Ehen 163 335 wieder geschieden, vgl. Statistisches Bundesamt, Statistisches Jahrbuch 2017, S 59; Lüscher, ZEV 2010, 2, (4); Peuckert, Familienformen im sozialen Wandel, S. 31, 301; Hohnerlein, RdJB 2011, 450; Brosius-Gersdorf, NZFam 2016, 145.

4 s. u.a.: Engstler/Menning, Die Familie im Spiegel der amtlichen Statistik, erweiterte Neuauflage 2003, S. 17.

5 u.a.: Gellner, Paar – und Familienwelten im Wandel, S. 8 f.

6 Lüscher, ZEV 2010, 2, 4.

7 Muscheler, FamRZ 2004, 913; ders., StAZ 2006, 189, 190; Furstenberg/Cherlin, Divided Families, S. 77; Bien/Hartl/Teubner (Hrsg.), Stieffamilien in Deutschland, 2002, S. 12, dagegen sind der Auffassung, Stieffamilien seinen in Deutschland eine eher seltene Familienform.

8 Schwab, Wertewandel und Familienrecht, S. 25.

die Ehe der beiden Partner steht im Vordergrund, sondern die Beziehungen der einzelnen Familienmitglieder zueinander.

Die Stief – bzw. Patchworkfamilie rückt aufgrund der Probleme, die sich aus dieser neuen Zusammensetzung der Familien ergeben, neben der Sozialwissenschaft auch immer mehr in den juristischen Fokus. Dabei spielt die rechtliche Beziehung zwischen Stiefeltern und Stiefkindern eine wesentliche Rolle. Die ehemalige Bundesjustizministerin Zypries kündigte bereits 2004 an, der Bundesregierung sei das Problem der rechtlichen Stellung von Stiefkindern durchaus bewusst, und sie werde sich diesem Problem annehmen, wobei konkrete Überlegungen zu einzelnen Reformvorhaben noch ausstünden.[9]

Das Augenmerk dieser Arbeit liegt dabei in besonderem Maße auf dem Erbrecht, das sich angesichts der veränderten familiären Verhältnisse vor dieser Familienform nicht verschließen darf.

Denn es gibt keine Familie ohne Recht.[10] Dies gilt für alle Familien, auch für die Stieffamilie.

Man muss sich jedoch in diesem Zusammenhang die Frage stellen: Wo ist in diesen vielgestaltigen und veränderlichen familiären Zusammenschlüssen tatsächlich „die Familie" oder wie viele Familien gibt es jeweils? Nur, wenn dies eindeutig geklärt ist, kann auch in einer Familie, die mehr durch soziale denn durch rechtliche Beziehungen verbunden ist, eine erbrechtliche Weitergabe des Familienvermögens aufgrund eines ideellen und wirtschaftlichen Zusammenhangs statt allein aufgrund rechtlicher Vorschriften erwogen werden.

Entgegen all der genannten Entwicklungen und Forderungen wurde die Stieffamilie in Deutschland lange Zeit rechtlich ignoriert.

An die Berücksichtigung sozialer bzw. faktischer Elternschaft wurde bei Schaffung des BGB trotz deren Existenz nur unzureichend gedacht. Die einzelnen gesetzlichen Regelungen im Familien – und Erbrecht basieren vielmehr auf der Vorstellung einer auf biologischer Elternschaft gegründeten Familienstruktur. Auch eine Anpassung der gesetzlichen Normen im Hinblick auf die Zunahme nichtehelicher Lebensgemeinschaften ist weitestgehend unterblieben. Die meisten Vorschriften knüpfen nicht an das Bestehen einer Lebensgemeinschaft, sondern an das Vorhandensein einer Ehe an.

Das Zivilrecht bietet heute jenen Kindern, die in einer (bluts-)fremden Familie leben, zwar mehr Schutz als zur Zeit des Inkrafttretens des BGB[11]. So wurden in den letzten Jahren vermehrt Regelungen für solche Familienformen geschaffen, jedoch vornehmlich im Familienrecht. In diesem Zusammenhang dürfen aber auch die erbrechtlichen Bedürfnisse dieser Familienform nicht vernachlässigt werden.

---

9 Zypries im Interview, FK 2004, Heft 5, 16, 17.

10 Lüscher, ZEV 2004, 2.

11 Frank, Grenzen der Adoption, S. 228.

Das deutsche Erbrecht hält für die Stieffamilie de lege lata jedoch nur wenige Lösungsansätze bereit. An traditionellen Normen wird festgehalten, auch wenn diese mittlerweile überholt erscheinen oder einer dringenden Anpassung bedürfen. Auf veränderte gesellschaftliche Lebensbedingungen wird nur sehr zögerlich reagiert.[12]

Zwar mag es als persönliche Freiheit oder autonome Lebensgestaltung hinzunehmen sein, dass sich Paare trennen, wenn sie für sich beschließen, dass ihr gemeinsames Leben keine Zukunft mehr hat. Dazu gehört aber natürlich auch, dass niemand auf Grund von Umständen diskriminiert oder benachteiligt werden darf, wenn er selbst darauf keinen Einfluss hat. So muss man den Blick in diesem Zusammenhang insbesondere auf die Kinder richten, die unmittelbar von der Trennung oder Scheidung ihrer Eltern und von der Neukonstituierung der Familie betroffen sind. Diese Kinder unterliegen, falls ihre Eltern wieder eine neue Beziehung eingehen, als Stiefkinder in der heutigen Zeit immer noch gesellschaftlichen Vorbehalten, obwohl sie meist keinen Einfluss auf ihre familiäre Lebenssituation haben. Gerade in diesen familiären Solidaritätsbeziehungen darf der Schutz der Kinder als schwächstes Glied dieser Beziehung nicht außer Acht gelassen werden.

Im Gegensatz zu den Partnern haben sich die Kinder nämlich nicht bewusst für diese neue Familienkostellation entschieden. Den Kindern dürfen die „Nachteile", die mit der Entscheidung ihrer Eltern einhergehen, nicht auferlegt werden.

12 Was wohl auch an der späten erbrechtlichen Gleichstellung des nichtehelichen Kindes deutlich wird.

II. Kapitel: These

Das Stiefkind wird im deutschen Erbrecht im Rahmen der gesetzlichen Erbfolge de lege lata nicht berücksichtigt. Es kann nur Erbe seines Stiefelternteils werden, wenn es von diesem durch Testament bedacht wird.

Diese momentane Rechtslage ist nicht zufriedenstellend. Es führt dazu, dass Kinder, die auf ihre familiäre Situation keinen Einfluss haben, Gefahr laufen, finanziell nach der Trennung oder Scheidung der Eltern schutzlos gestellt zu werden.

Um die Situation besser zu verdeutlichen, nehmen wir anhand eines Beispiels an, dass ein Kind, das nichtehelich geboren wurde, allein mit seiner Mutter lebt. Der Vater des Kindes ist nicht bekannt.

Nach der Geburt hat dieses Kind also einen (unbekannten) biologischen Vater, jedoch weder einen sozialen noch einen rechtlichen Vater. Wenn die Mutter später eine neue Partnerschaft eingeht, bekommt das Kind einen sozialen Vater hinzu, vorausgesetzt, der Mann erfüllt die Rolle des Vaters. Sollte der Mann das Kind adoptieren, bekäme es auch einen rechtlichen Vater; wenn nicht, dann hat das Kind nun zwar einen (unbekannten) biologischen und einen sozialen Vater, nicht aber einen rechtlichen. Das Kind hätte in diesem Fall also weder Unterhalts – noch Erbansprüche gegen den sozialen noch unbekannterweise gegen den biologischen Vater. Es hängt also allein an dem Umstand, ob das Kind von dem sozialen Vater adoptiert wird, worauf das Kind jedoch in den meisten Fällen keinen Einfluss hat.

Und selbst wenn das geschieht, so verrechtlicht sich zwar die Beziehung, dies dann jedoch endgültig. Besonders an Bedeutung gewinnt dieser Umstand, wenn die Mutter nach dieser Beziehung erneut eine Partnerschaft oder Ehe eingeht. Es könnte sein, dass dieser Mann nun wieder die soziale Vaterschaft für das Kind übernimmt, die rechtliche Vaterschaft aber gar nicht übernehmen kann, zumindest solange nicht, bis der ehemalige Partner der Adoption zustimmt. So stehen dem Kind auch gegen diesen Vater weder Unterhalts – noch Erbansprüche zu.

Ein Kind kann somit in seinem Leben mehrere soziale Väter (oder Mütter) haben, ohne jemals einen rechtlichen Vater zu haben. Solange diese Beziehungen nicht durch den Akt der Adoption verrechtlicht werden, bleiben diese Kinder, was Unterhalt oder Erbansprüche angeht, schutzlos gestellt.

Im Falle einer Adoption kann dieser Akt von keiner der beiden Parteien mehr rückgängig gemacht werden, was, wie sich in der Realität zeigt, jedoch häufig gewünscht wird, nachdem die Beziehung zwischen der Mutter und dem Adoptierenden gescheitert ist. So entstehen nach der Trennung der Eltern häufig Probleme, die für die Kinder meist nur schwierig zu verstehen und zu verkraften sind.

Diese Problematik könnte umgangen werden, wenn man dem Stiefkind zu einem eigenen Erbanspruch nach seinem Stiefelternteil verhilft.

Der Gesetzgeber hat zwar im Rahmen der letzten Erbrechtsreform 2010 auf die veränderte gesellschaftliche Situation und den Wandel innerhalb der Familie sowie der in ihr vorherrschenden Solidarbeziehungen reagiert, indem er z. B. bei den Pflichtteilsentziehungsgründen in § 2333 Abs. 1 S. 1 BGB die „dem Erblasser nahe stehende Person" mitaufgenommen hat und so auch Stiefkinder in diese Regelung miteinbezogen hat, die Änderungen gehen jedoch nicht weit genug. Ein gesetzliches Erbrecht nach seinem Stiefelternteil bleibt dem Stiefkind weiterhin verwehrt, da die lex lata strikt am statusbezogenen Erbrecht festhält, wonach nur der gesetzlich erbt, der mit dem Erblasser durch eine statusrechtliche Beziehung verbunden ist.

Das Ziel, dem Stiefkind zu einem eigenen Erbanspruch nach seinem Stiefelternteil zu verhelfen, kann aus diesem Grund nur durch eine Gesetzesänderung erreicht werden.

Bereits an dieser Stelle drängt sich die Frage auf, ob nicht die Beziehung zwischen Stiefelternteil und Stiefkind, nämlich die Schwägerschaft gem. § 1590 BGB ein solches Statusverhältnis darstellt.

Die Arbeit wird zeigen, dass ein solcher Anspruch notwendig ist, um auf die veränderten gesellschaftlichen familiären Bedingungen zu reagieren und um die Stiefkinder, denen nach dem Tod ihres Stiefelternteils eine finanzielle Notlage droht, zu schützen.

Kritiker könnten anführen, dass ein solcher Anspruch zu weit geht. Dies wäre jedoch nur dann der Fall, wenn tatsächlich alle Stiefkinder miteinbezogen würden. Um dies zu verhindern, sollen Stiefkinder nur unter bestimmten Voraussetzungen in den Genuss eines gesetzlichen Erbanspruchs gegen ihren Stiefelternteil kommen.

III. Kapitel: Methode der Arbeit

Gegenstand der Arbeit ist es, diese Probleme näher zu beleuchten und dabei folgende Fragen zu beantworten und aufzuzeigen, welche erbrechtlichen Probleme die veränderte Gesellschaftssituation gerade im Hinblick auf die eheliche sowie nichteheliche Stieffamilie bereithält.

Inwieweit haben alternative familiäre Lebensformen wie die Stief – bzw. Patchworkfamilie in den letzten Jahren an Bedeutung und Akzeptanz gewonnen?

Ist unser Erbrecht in Bezug auf diese veränderten Lebensformen überhaupt noch zeitgemäß und kann es de lege lata auf die sozialen Veränderungen und Herausforderungen im Bereich „Familie" der heutigen Zeit reagieren[13]?

Macht die veränderte Gesellschaftssituation, die Pluralisierung von Partnerschaft und Familie, auch eine Korrektur des geltenden Erbrechts notwendig?

Sollte der Kreis der gesetzlich Erbberechtigten nach konkreten Maßstäben bestimmt werden, mit Blick auf tatsächlich gelebte Solidaritätsbeziehungen innerhalb der Familie und Bedürftigkeit der einzelnen Familienmitglieder?

Ein Mitglied der Familie soll dabei mit seinen vor allem erbrechtlichen Interessen und Belangen im Mittelpunkt stehen: das Stiefkind.

Dafür muss zunächst geklärt werden, was unter dem Begriff „Stiefkind" innerhalb der Stief – bzw. Patchworkfamilie zu verstehen ist, welche Formen dieser Familie es gibt, und wie häufig diese Familienkonstellation tatsächlich in Deutschland vorkommt.

Ebenfalls klärungsbedürftig im Rahmen der Frage einer Neuschaffung eines gesetzlichen Erbanspruchs des Stiefkindes gegen seinen Stiefelternteil sind die Funktionen des gesetzlichen Erbrechts, insbesondere des der Abkömmlinge.

Die gesetzliche Statusorientierung muss sich einer Prüfung ebenso unterziehen wie die Aussagekraft soziologischer Entwicklungen im Bereich Stiefkindschaft im Hinblick auf eine Neukonturierung der gesetzlichen Erbfolge.

Zu beachten gilt auch, dass eine allseits befriedigende Gestaltung der Rechtslage schon aufgrund der Vielgestaltigkeit von Stiefkindverhältnissen und der sehr unterschiedlichen Ausgestaltung der konkreten Beziehung von Stiefeltern und Stiefkindern als äußerst schwierig einzustufen ist.

Gesellschafts – und rechtspolitisch sind wohl zwei Entwicklungen besonders hervorzuheben: Erstens ergibt sich ein Trend hin zur Verrechtlichung personaler Nähebeziehungen und damit geht zweitens eine zunehmende Ausdifferenzierung der gesetzlichen familienrechtlichen Rechtsinstitute einher.[14]

---

13 Zuletzt diskutiert beim 68. Deutschen Juristentag in Berlin 2010; Verhandlungen des 68. DJT Berlin 2010, Bd. I, Röthel, Gutachten A für den 68. DJT; Kurzfassung in NJW-Beil. 2010, 77; Kroppenberg, NJW 2010, 2609; Klingelhöffer, ZEV 2010, 385.

14 Röthel, Lebensformen, S. 119, 120.

IV. Kapitel: Gesellschaftliche Veränderungen innerhalb der Familie: Die Fragmentierung der Elternschaft

Nicht wenige sehen in der Beziehung zwischen Erbrecht, Gesellschaft und Familie eine der wichtigsten Grundlagen des Erbrechts und seiner Reformen.[15]

Bevor also die Frage nach der Notwendigkeit einer Reform des Erbrechts im Hinblick auf die eheliche sowie die nichteheliche Patchworkfamilie beantwortet werden kann, muss zunächst geklärt werden, inwieweit sich die Gesellschaft und ihre Lebensformen in den letzten Jahren tatsächlich verändert haben und ob sich ein Zusammenhang zwischen diesen Veränderungen und der Notwendigkeit einer Reform begründen lässt.

Möchte man die Veränderungen der Gesellschaft in den letzten Jahren und ihre Auswirkungen auf das Recht, in unserem Fall auf das gesetzliche Erbrecht, genauer betrachten, gibt es dafür mehrere Möglichkeiten.[16]

Die eine Vorgehensweise verwendet hauptsächlich demoskopische Methoden. So soll der Wille der Bevölkerung hinsichtlich des Inhalts der gesetzlichen Erbfolge ermittelt werden.[17] Die zweite Methode stützt sich dagegen allein auf demographische Fakten.

Eine ausführliche Darstellung der Probleme und Schwierigkeiten im Zusammenhang mit Demoskopie, Demographie und Erbrechtsreform liegt bereits vor.[18] Aus diesem Grund soll an dieser Stelle nur kurz erläutert werden, warum in der folgenden Untersuchung die Gesellschaftsentwicklung im Bereich „Familie" und der Zusammenhang zwischen diesen Veränderungen und der Notwendigkeit einer weiteren Erbrechtsreform allein anhand demographischer Fakten untersucht werden soll.

Gerade im Hinblick auf den mutmaßlichen Erblasserwillen und die Gestaltung der gesetzlichen Erbfolge gibt es Stimmen, die sich dafür aussprechen, die Notwendigkeit einer Reform anhand von demoskopischen Umfragen zu ermitteln, wie es bereits in den Jahren 1970 und 1971[19] der Fall war. So könnte man die Meinungen der Gesellschaft hinsichtlich der gesetzlichen Erbfolge de lege lata und de lege ferenda genauer untersuchen und die Reformziele dementsprechend daran festmachen, welches Erbrechtsmodell in der gesetzlichen Erbfolge am ehesten den Vorstellungen der Bevölkerung entspricht.[20] Auch wäre es denkbar, den parlamentarischen Gesetzgeber mit dieser Vorgehensweise zumindest teilweise durch das Volk zu ersetzen.[21] Damit würde die Entscheidung hinsichtlich der Notwendigkeit neuer gesetzlicher Normen und im günstigsten Fall die Not-

15 Coing, Gutachten 49. DJT, A 12 ff; Leipold, AcP 180 (1980), 161 ff.; Lövenich, Neugestaltung, 1, 61 ff.

16 Rauscher, Band I, S. 180.

17 Stöcker, FamRZ 1971, 609 ff.; Freisitzer, FS Wilburg, 101, 103; Goetz, Erbrechtliche Ansprüche, 139.

18 Bauer, Soziologie und Erbrechtsreform.

19 Stöcker, FamRZ 1971, 609.

20 Stöcker, FamRZ 1971, 609 ff.; Goetz, Erbrechtliche Ansprüche, S. 139.

21 Bauer, Soziologie und Erbrechtsreform, S. 96.

wendigkeit einer Reform der gesetzlichen Erbfolge, falls sie denn stattfindet, schließlich im Ergebnis vom Willen des stimmberechtigten Volkes abhängen und wäre somit im weitesten Sinne plebiszitär. Die Gedanken der Bevölkerung in Bezug auf die gesetzliche Erbfolge würden gefördert.

Dieser Methode ist jedoch entgegenzuhalten, dass der überwiegende Teil der Bevölkerung höchstens bruchstückhaftes Wissen auf diesem Gebiet aufweist, das auch durch Umfragen oder Interviews nicht wesentlich gefördert oder vertieft werden kann. Die Sachverständigen – bzw. Spezialkenntnisse fehlen, weshalb eine pauschale und spontane aus dem Bauch getroffene Entscheidung z. B. für oder gegen ein gesetzliches Erbrecht des Stiefkindes zu befürchten ist. Zudem kann der Befragte zukünftig Erbe oder Erblasser sein, was die Gefahr der fehlenden Objektivität mit sich bringt oder schlimmer noch sogar begünstigt. Zwar könnte man Verfügungen von Todes wegen auswerten und so den tatsächlich getroffenen Willen der Bevölkerung ermitteln, wie es Leipold bereits 1980 getan hat.[22] Dazu wäre jedoch eine räumlich sehr weit gestreute Untersuchung nötig.

Dies alles spricht dafür, der demographischen Vorgehensweise den Vorrang für diese Untersuchung zu gewähren. Die demoskopische Methodik ist nicht geeignet, um die Notwendigkeit einer Reform im Erbrecht als dispositives Recht zu begründen.[23] Allenfalls ließen sich dadurch Aufschlüsse über die Akzeptanz der bestehenden Regelung sowie ein Eindruck von deren Durchsetzbarkeit bei der Bevölkerung in Bezug auf deren Auffassungen und Gerechtigkeitserwägungen finden. Man könnte somit ermitteln, welches Modell die Präferenz der Bevölkerung darstellt und damit zu einem „freiwilligen Gesetzesgehorsam" kommen.[24]

Allerdings darf die Realität bei der Gesetzgebung nicht vernachlässigt werden. Und auch wenn Hegel die öffentliche Meinung als „große Macht"[25] ansah, in der gleichzeitig „alles Falsche und Wahre"[26] liege, so sollte man Gesetzesvorhaben doch nicht nur auf Meinungen der Bevölkerung, sondern auf ihr tatsächliches Verhalten stützen.[27]

Geeigneter ist aus diesem Grund die Methode, bei der mittels der Empirie die Änderungen der soziologischen Fakten, die als Grundlage des jeweiligen Rechtsgebiets feststehen, ermittelt werden und anhand dieser Tatsachen die Notwendigkeit einer Reform erforscht wird.[28]

Mithilfe der Demographie als statistisch fundierte Bevölkerungslehre kann der Gesetzgeber die tatsächlichen Umstände und Entwicklungen in der Gesellschaft erfor-

22 Leipold, AcP 180 (1980), 160, 192 ff., 224 ff.

23 Rauscher, Band I, S. 185; Bauer, Soziologie und Erbrechtsreform, S. 97.

24 Benda, JZ 1972, 497.

25 Hegel, Grundlinien der Philosophie des Rechts, § 316.

26 ders., § 318.

27 so auch schon Coing, Gutachten 49. DJT, A 22.

28 so auch Lövenich, Neugestaltung.

schen. Diese Kenntnis ist für ihn unerlässlich, um den gesetzgeberischen Handlungsbedarf ermitteln zu können.

Der demographische Wandel in Deutschland hat auch vor der Institution Familie nicht haltgemacht.[29]. Die Veränderungen im Bereich der familiensoziologischen Grundlagen können durchaus die Basis einer Erbrechtsreform bilden. Lässt sich im Bereich der Familie tatsächlich ein gesellschaftlicher Wandel konstatieren, so drängt sich die Frage auf, ob das gesetzliche Erbrecht an die veränderten Bedingungen angepasst werden muss oder ob es durch die bestehenden Normen und mithilfe der Rechtsprechung ausreichend reagieren kann.

Mit dem äußeren Wandel, sprich mit der veränderten personellen Zusammensetzung der Familie und der Reduzierung der Familiengröße[30], ging ein Wandel der Rollenstruktur innerhalb des familiären Verbundes einher. Man darf in diesem Zusammenhang die Reduktion der Rollenvielfalt nicht außer Acht lassen.[31] So hat die Familie im Laufe der Zeit immer mehr Aufgaben an übergeordnete Sozialverbände abgegeben, seien es soziale Funktionen oder auch die Aufgabe der Selbstversorgung (Kindergärten, Altersheime, Industriebetriebe).[32] War früher das Zusammenleben in großen Familien überwiegend noch eine soziale und wirtschaftliche Notwendigkeit[33], so steht heute die emotionale Verbindung der einzelnen Familienmitglieder im Vordergrund.

Die Emanzipationsbewegung des 20. Jahrhunderts hat ebenfalls zu dieser Entwicklung beigetragen und im Ergebnis dazu geführt, dass eine Gleichberechtigung von Mann und Frau nicht nur in der Gesellschaft in weiten Teilen erreicht wurde, sondern auch in der Partnerschaft von einem solidarischen Miteinander ausgegangen werden kann.

Die Entscheidung für die Ehe wird heutzutage hauptsächlich von der emotionalen Beziehung der Partner bestimmt. Das Institut der Versorgungsgemeinschaft und der hausrechtlichen Abhängigkeit tritt in den Hintergrund.[34]

29 Lesthaeghe, Zeitschrift für Bevölkerungswissenschaft 18 (3), 1992, 313, 315.

30 So lebten 2011 in 41,7 % der Privathaushalte in Deutschland die Eltern zusammen mit einem Kind, in 42,7 zusammen mit zwei Kindern und in 15,7 % zusammen mit drei oder mehr Kindern. Im Jahr 2000 wuchsen dagegen nur etwa ein Viertel aller Kinder, nämlich 24,5 % als Einzelkind auf, vgl. auch Engstler/Menning, Die Familie im Spiegel amtlicher Statistik, S. 27.

31 Mitterauer, Entwicklungstrends der Familie, S. 181; Leipold, AcP 180 (1980), 162, 174.

32 Frank, Grenzen der Adoption, S. 227; Martiny, Empfiehlt es sich, die rechtliche Ordnung finanzieller Solidarität zwischen Verwandten in den Bereichen des Unterhaltsrechts, des Pflichtteilsrechts, des Sozialhilferechts und des Sozialversicherungsrechts neu zu gestalten?, A 16; Mitterauer, Funktionsverlust der Familie?, S. 93.; Neidhardt, Die Familie in Deutschland, S.25;; Rauscher, Reformfragen des gesetzlichen Erb – und Pflichtteilsrechts, Band I, S. 189.

33 So auch bei der Stieffamilie im 18. Und 19. Jh.: Aufgrund der hohen Mortalitätsraten von Müttern war die Stiefmutterfamilie in dieser Zeit der vorherrschende Stieffamilientypus, vor allem auch deshalb, weil der Mann eine neue Frau „brauchte", die sich um die Kinder kümmert. Emotionale Aspekte blieben hier oft außen vor. Mit dem Rückgang der Müttersterblichkeit ab Mitte des 19. und zu Beginn des 20. Jahrhunderts verringerte sich die Anzahl solcher Stieffamilien, vgl. auch Robinson/Smith, Step by Step, S. 4.

34 Frank, Grenzen der Adoption, S. 227; Mitterauer, Funktionsverlust der Familie?, S. 113; Neidhardt, Die Familie in Deutschland, S. 34 ff.

Wertewandel und Familie – bereits Schwab[35] sprach in diesem Zusammenhang von einer „fast unendlichen Geschichte".

Man kann im Ergebnis wohl von einer Entwicklung weg von einer „herrschaftlich-institutionellen hin zu einer partnerschaftlich-personalen Familienstruktur"[36] sprechen, und zwar nicht nur hinsichtlich der Beziehung der Partner untereinander, sondern auch im Hinblick auf das Eltern-Kind-Verhältnis, und das auch in Stieffamilien. Solidaritätsbeziehungen als Nähebeziehungen treten in den Vordergrund.

Die gesellschaftlichen Veränderungen innerhalb der Familie spiegeln sich auch in einem veränderten Familienbewusstsein wider, vor allem in Bezug darauf, wer tatsächlich zur Familie gezählt wird. Ist mit „Familie" nur der durch Blutsverwandtschaft verbundene Kreis gemeint oder zählen vermeintliche „Familienfremde", wie z. B. der nichteheliche Lebenspartner oder das Stiefkind, auch dazu?

Das traditionelle Familienbild (verheiratete Eltern mit ihren gemeinsamen Kindern) ist nicht mehr die allein vorherrschende Familienform. Dies wird auch durch die Zunahme alternativer Lebensformen wie der nichtehelichen Lebensgemeinschaft und der Stieffamilie sichtbar. Dieser Wandel der partnerschaftlichen Lebensformen wird zum einen durch den Alterungsprozess der Bevölkerung, durch die Verlängerung der Ausbildungszeiten Jugendlicher und die Verzögerung des Auszugs der Kinder aus dem Elternhaus, aber auch durch die Zunahme von Scheidungen und Trennungen sowie durch die weitgehende Akzeptanz nichtehelicher Lebensformen begünstigt.[37]

1. Die Stieffamilie, Versuch einer Definition

Für die Familienform, in der ein Partner ein Kind aus einer früheren Beziehung mit in die neue Partnerschaft bringt, hat sich im allgemeinen Sprachgebrauch der Begriff Stieffamilie oder Patchworkfamilie etabliert. Eine einheitliche Definition gibt es nicht. In den juristischen Wörterbüchern fehlt es an einer Erläuterung des Begriffs.[38]

Zum Teil bereitet die Definition dieser Familienform Probleme.

Der Begriff Patchworkfamilie stammt aus der Umgangssprache und leitet sich aus dem englischen Sprachgebrauch ab, auch wenn ihn dort kaum jemand versteht und man dort eher von „blended" oder „stepfamilies" spricht.[39] Übersetzt bedeutet patchwork die harmonische Zusammenfügung unterschiedlicher Farben, Formen und Muster, ein Flickwerk. Der Begriff Patchworkfamilie ist den deutschen Wörterbüchern geläufig.

Auch die Begriffe Stiefkind und Stiefeltern findet man dort, ebenso wie auch in den deutschen Rechtswörterbüchern; den Begriff der Stieffamilie sucht man in einem Wör-

35 Schwab, Wertewandel und Familie, S. 30.

36 Mitterauer, Funktionsverlust der Familie?, S. 115.

37 Engstler/Menning, Die Familie im Spiegel amtlicher Statistik, S. 23 ff.

38 So in Tilch/Arloth (Hrsg), Deutsches Rechtslexikon; Der Brockhaus Recht; Creifelds/Weber (Hrsg) Rechtswörterbuch.

39 Visher/Visher, Stiefeltern, Stiefkinder und ihre Familien, Probleme und Chancen, München 1987, S. 31

terbuch jedoch vergeblich.[40] Die Vorsilbe Stief – findet ihren Ursprung im Althochdeutschen („stiof") und bedeutet so viel wie hinterblieben oder verwaist.[41] Patchworkfamilie impliziert in unserem Sprachgebrauch keine negative Wertung. Mit dem Begriff Stief – verbinden wir hingegen häufig etwas Negatives: So wird jemand stiefmütterlich[42] behandelt oder als Stiefkind der Gesellschaft bezeichnet und gleichzeitig bedauert. Sprichwörtlich ist jede Stiefmutter des Teufels Unterfutter, und auch die Märchen haben dazu beigetragen, dass das Bild dieser Person uns meistens nur als böse bekannt ist:

> *Brüderchen nahm sein Schwesterchen an der Hand und sprach: „Seit die Mutter tot ist, haben wir keine gute Stunde mehr; die Stiefmutter schlägt uns alle Tage, und wenn wir zu ihr kommen, stößt sie uns mit den Füßen fort. Die harten Brotkrusten, die übrig bleiben, sind unsere Speise, und dem Hündlein unter dem Tische geht's besser, dem wirft sie noch manchmal einen guten Bissen zu. Dass Gott erbarm, wenn das unsere Mutter wüsste!"*[43]

Daraus lässt sich ableiten, dass es in den Zeiten, in denen die Märchen geschrieben oder erzählt wurden, des Öfteren zu beobachten war, dass nach dem Tod der leiblichen Mutter die Stiefmutter deren Position in der Familie einnahm.

In der Literatur wird unter dem Begriff der Stief – oder Patchworkfamilie eine Vielzahl von Familienformen bezeichnet, die jedoch eine Gemeinsamkeit aufweisen: Zu den beiden leiblichen Eltern tritt mindestens ein sozialer Elternteil hinzu, oder ein verstorbener Elternteil wird durch einen sozialen Elternteil ersetzt.[44] Zwischen dem Partner und dem einseitigen Kind des anderen entsteht damit ein Stiefeltern-Stiefkind-Verhältnis. Eine Stieffamilienkonstellation ist somit immer dann gegeben, wenn ein Kind bei einem leiblichen Elternteil lebt und mindestens einer der beiden leiblichen Elternteile eine neue Partnerschaft eingegangen ist.[45] Von dieser Definition werden alle Paare erfasst, unabhängig davon, ob sie verheiratet sind oder nichtehelich zusammenleben.

Auch eine Adoption[46] eines Kindes, soweit sie nur durch einen der beiden Partner erfolgt, kann zu diesem Verhältnis führen. Ebenso kann eine erfolgreiche Anfechtung der

---

40 Zum Problem der Begriffsdefinition vgl. Urteil des BSG vom 14.07.1977, FamRZ 1977, 789, 790 f.; Visher/Visher, Stiefeltern, Stiefkinder und ihre Familien, Probleme und Chancen, München 1987, S. 31; Krähenbühl, Stieffamilien: Struktur – Entwicklung – Therapie, 3. Auflage, Freiburg 1991, S. 18; Bertelsmann Lexikon; Brockhaus Enzyklopädie; Der Große Duden.

41 Visher/Visher, Stiefeltern, Stiefkinder und ihre Familien, Probleme und Chancen, München 1987, S. 31; Krähenbühl/Jellouschek/Kohaus-Jellouschek/Weber, Stieffamilien: Struktur – Entwicklung – Therapie, S. 18; Krehan-Riemer/Krehan, Die Stieffamilie, Wien 1993, S. 10.

42 Interessant ist auch, dass es im deutschen Sprachgebrauch nur das Wort „stiefmütterlich" und nicht auch „stiefväterlich" gibt. Böse Stiefväter werden laut Bettelheim auch in Märchen nicht so oft erwähnt. Wohl deshalb, weil der Vater dem Kind grundsätzlich weniger Aufmerksamkeit schenkt und dem deshalb weniger Bedeutung beigemessen wird, wenn er sich dem Kind gegenüber nachteilig verhält.

43 Kinder und Hausmärchen, gesammelt durch die Brüder Grimm.

44 Bien /Hartl/Teubner (Hrsg.), Stieffamilien in Deutschland, 2002, S.10.; Visher/Visher, Stiefeltern, Stiefkinder und ihre Familien, Probleme und Chancen, München 1987, S. 27, 28;

45 Bien, Stieffamilien in Deutschland, 2002, S. 11.

46 Das BGB verwendet nicht den Begriff „Adoption", sondern spricht von der „Annahme als Kind", vgl. §§ 1741 ff. BGB.

Ehelichkeit eines während der Ehe geborenen und dann im gemeinsamen Haushalt verbleibenden Kindes eine Stiefeltern-Stiefkind-Beziehung zur Folge haben, bei der die soziale Elternschaft fortbesteht.[47]

Man unterscheidet meistens zwischen drei Formen[48] der Stieffamilie[49]:

Bei der „einfachen Stieffamilie“ bringt ein Partner Kinder in die Beziehung ein, ohne dass weitere gemeinsame Kinder im Haushalt anzutreffen sind. Damit existieren ein leiblicher und ein Stiefelternteil.

Bringt jeder der Partner mindestens ein Kind aus einer früheren Verbindung mit in die neue Beziehung, spricht man von der sog. „zusammengesetzten Stieffamilie“. Auch bei dieser Familienkonstellation leben keine gemeinsamen Kinder mit im Haushalt. Vater und Mutter sind zugleich Stiefeltern und leibliche Eltern.

Bei dem Familientyp „komplexe Stieffamilie“ treten zu den jeweiligen Kindern der Partner leibliche Kinder hinzu.

Zusätzlich ist noch eine Differenzierung zwischen Stiefmutter – oder Stiefvaterfamilie möglich.

Zum Teil wird angenommen, dass der Unterschied zwischen Stieffamilie und Patchworkfamilie darin liegt, dass es sich bei der Stieffamilie um eine eheliche Familie handeln muss.[50]

Auch Grziwotz[51] und Mayer[52] verwenden den Begriff nur im Zusammenhang mit ehelichen Familien. Hausmann[53] hingegen verwendet beide Begriffe synonym. Muscheler[54] unterscheidet zwischen formalisierter und faktischer Stieffamilie. Peschel-Gutzeit[55] sieht in einem Stiefkind ein Kind, das mit seinem leiblichen Elternteil und einem weiteren Erwachsenen in einer Beziehung lebt, die entweder Ehe oder Partnerschaft ist.

Zwar enthält das Gesetz für den Begriff der Stieffamilie ebenfalls keine Definition. Aus den §§ 1618, 1682, 1687b Abs. 1, 1741 Abs. 2 S. 3, 1755 Abs. 1 BGB, § 9 LPartG kann allerdings entnommen werden, dass es sich bei einem Stiefkind um das Kind des anderen Ehegatten handelt. Der Stiefelternteil muss somit, damit diese Normen Anwendung finden, mit dem allein sorgeberechtigten Elternteil verheiratet sein. Das Gesetz kennt also auch nur die eheliche Stieffamilie.

---

47 vgl. Urteil des BSG vom 14.07.1977, FamRZ 1977, 789, 790; OLG Hamburg, FamRZ 2016, 1952..

48 Der Begriff der „mehrfach fragmentierten Stieffamilie“ findet sich nur vereinzelt in der Literatur wieder (Peuckert, Fn. 12, S. 213). Diese Familienform entsteht, wenn ein Partner mehrfach geschieden wird und daraufhin Kinder aus den Vorehen in die neue Beziehung mitbringt.

49 Bien /Hartl/Teubner (Hrsg.), Stieffamilien in Deutschland, 2002, S. 11

50 Bernau, KJ 2006, 320, 322.

51 Grziwotz, FamRB 2003, 232; ders., FPR 2005, 283.

52 Mayer, FPR 2004, 83.

53 Hausmann, DNotZ 2011, 602.

54 Muscheler, StAZ 2006, 189, 190; ders. FamRZ 2004, 913 mit dem Hinweis, dass die h.M. für eine „echte“ Stieffamilie Formalisierung der Partnerschaft verlangt.

55 Peschel-Gutzeit, FPR 2004, 46, 47.

§ 1685 Abs. 2 BGB wurde jedoch mittlerweile dahingehend reformiert, dass nun neben dem Ehegatten des leiblichen Elternteils auch andere Bezugspersonen des Kindes, also auch der nichteheliche Stiefelternteil, von der Norm erfasst werden. Entscheidend ist hierbei die Übernahme tatsächlicher Verantwortung für das Kind. Der Gesetzgeber legitimierte dadurch ausdrücklich die sozial-familiäre Beziehung.[56]

Die überwiegende Anzahl der Normen, die sich im Familienrecht auf die Stiefelternschaft beziehen, setzen zwar eine Ehe zwischen dem Stiefelternteil und dem leiblichen Elternteil voraus. Daraus ist jedoch nicht zwangsläufig zu folgern, dass allein deshalb Stieffamilie gleich eheliche Familie und Patchworkfamilie gleich nichteheliche Familie sein muss. Auch das Bundesministerium für Familie setzt die Begriffe Stieffamilie und Patchworkfamilie gleich.[57]

Damit durch die Verwendung der Begriffe keine Irritation entsteht, soll sich der Definition von Muscheler[58] angeschlossen und in der Arbeit grds. zwischen ehelicher, also formalisierter Stiefelternschaft, und nichtehelicher Stiefelternschaft unterschieden werden. Die Verwendung des Begriffs Stieffamilie oder Patchworkfamilie allein impliziert, dass es an dieser Stelle nicht erheblich ist, ob die Eltern miteinander verheiratet sind oder nicht. Zwischen ehelicher und nichtehelicher Stieffamilie ist zu differenzieren, da diese beiden Konstellationen verschiedene Rechtsfolgen mit sich bringen. Zudem ist nur der Typ Stieffamilie bzw. Patchworkfamilie Gegenstand dieser Arbeit, bei dem die Familie einen gemeinsamen Haushalt, wenn auch nur am Wochenende, führt. Unerheblich ist sowohl die Beziehung, die die leiblichen Eltern hatten, als auch der Umstand, ob die neue Paarbeziehung hetero – oder homosexuell ist.

Im Ergebnis versteht man hier zu Lande unter Patchworkfamilie nichts anderes als das, was Soziologen und Juristen schon seit Jahrzehnten mit dem Begriff „Stieffamilie" in Verbindung bringen.[59] Aus diesem Grund werden für die vorliegende Untersuchung beide Begriffe (Patchwork – und Stieffamilie) synonym verwendet.

2. Sozialwissenschaftliche Befunde

Stieffamilien sind, auch wenn sie erst vor einigen Jahren wieder verstärkt ins Blickfeld der Öffentlichkeit getreten sind und diese nur am Rande tatsächliche Notiz von ihnen nimmt, kein Phänomen unserer Zeit.

56 Die sozial-familiäre Beziehung wird im Gesetz explizit in § 1600 Abs. 2, 3, 4; § 1685 Abs. 2 BGB genannt. Der Terminus geht auf die Rechtsprechung des Bundesverfassungsgerichts zurück. Entwickelt wurde er, um die Rechtsposition des leiblichen, nicht rechtlichen Vaters, aber gleichzeitig auch die des rechtlich-sozialen, aber nicht leiblichen Vaters zu stärken, BVerfG, 09.04.2003 = FamRZ 2003, 816: Die sozial-familiäre Beziehung leitet sich aus der Wahrnehmung der tatsächlichen Verantwortung ab. Danach liegt eine sozial-familiäre Beziehung immer dann vor, wenn der (rechtliche) Vater im maßgeblichen Zeitpunkt die tatsächliche Verantwortung für das Kind trägt oder getragen hat. § 1600 Abs. 3 BGB wiederholt diese Legaldefinition und gestaltet sie unter Zuhilfenahme zweier Regelbeispiele als widerlegbare Vermutung aus.

57 Engstler/Menning, Die Familie im Spiegel der amtlichen Statistik, erweiterte Neuauflage 2003, S. 42.

58 Muscheler, FamRZ 2004, 913

59 Hausmann, DNotZ 2011, 602.

Bereits zwischen dem 16. und 18. Jahrhundert waren in England und Frankreich etwa 25 bis 30 Prozent der dort geschlossenen Ehen keine Erstehen. Als Grund dafür werden die geringe Lebenserwartung und die hohe Müttersterblichkeit angeführt.[60] Die Wiederheirat und die damit verbundene Gründung einer ehelichen Stieffamilie garantierte die wirtschaftliche und soziale Absicherung der verbliebenen Familienmitglieder.[61] Vorherrschende Stieffamilienkostellation war in dieser Zeit die Stiefmutterfamilie. Mit dem Rückgang der Sterblichkeitsrate der Mütter verringerte sich ab Mitte des 19. und zu Beginn des 20. Jahrhunderts die Anzahl dieser Stieffamilien. Die beiden Weltkriege führten aufgrund des kriegsbedingten Versterbens der Väter und der Zerrüttung der Familien dann zur Häufung der Stiefvaterfamilien.[62]

Der Unterschied zwischen der Stief – bzw. Patchworkfamilie wie wir sie heute kennen und der früheren liegt zum einen darin, dass die Beziehung der Partner in der vergangenen Zeit nahezu immer durch die Ehe formalisiert wurde und die erste Ehe der Partner durch Tod aufgelöst wurde.[63] Heute kann die Beziehung des leiblichen und des Stiefelternteils auch eine nichteheliche Partnerschaft sein, die nach einer Scheidung oder Trennung der vorherigen Beziehung entsteht. Auf der anderen Seite hat die gesellschaftliche Akzeptanz dieser Familienform insbesondere als nichteheliche Familie in den letzten Jahren enorm zugenommen.

Patchworkfamilien bzw. Stieffamilien entstehen auch heute noch meist aufgrund einer Ehescheidung oder Trennung. Doch auch der Tod eines Partners oder eine nichteheliche Kindschaft können zur Gründung dieser Familie führen.

a. Entstehung nach einer Ehescheidung

Die Scheidungen in Deutschland nehmen zu. Unter den Scheidungsverhältnissen von 2015 wurde mehr als jede dritte Ehe wieder geschieden.[64] Immer weniger Eheschließungen sind reine Erstehen. Im Jahr 2015 waren in Deutschland nur ca. 75 % tatsächliche Erstehen. Dennoch ist es ein weitverbreiteter Irrtum, dass die Scheidungszahlen kontinuierlich zunehmen. Bei dieser Behauptung wird die Zahl der Scheidungen mit der Zahl der Eheschließungen im selben Jahr verglichen. Betrachtet man die Situation jedoch differenzierter, so gelangt man zu dem Ergebnis, dass die Institution Ehe rein statistisch gesehen nach wie vor eine stabile Lebensform ist. Zwar ist die Anzahl der Scheidungen in Deutschland von 1996 bis 2005 von 175.550 auf 213.975 gestiegen, seitdem ist die Scheidungsrate jedoch konstant bzw. sogar rückläufig. So wurden im Jahr 2015 nur noch 163.335 Ehen geschieden.

60 Teubner in: Bien/Hartl/Teubner (Hrsg.), S. 24; Peuckert, Familienformen im sozialen Wandel, S. 213.

61 Visher/Visher, Stiefeltern, Stiefkinder und ihre Familien, Probleme und Chancen, München 1987, S.11

62 Teubner in: Bien/Hartl/Teubner (Hrsg.), S. 34.

63 Muscheler, StAZ 2006, 189.

64 Genauer gesagt wurden 2015 von 400 115 geschlossenen Ehen 163 335 wieder geschieden, vgl. Statistisches Bundesamt, Statistisches Jahrbuch 2017, S 59.

Man nimmt an, dass bei knapp 40 % aller minderjährigen Kinder in Stieffamilien die Ursprungsfamilie durch die Scheidung der Eltern aufgelöst wurde.[65]

b. Entstehung nach dem Tod eines Ehegatten

Bei 40 % der Stiefkinder führte der Tod eines Elternteils zur Beendigung der Ehe der Eltern.[66] Allerdings nahm die Zahl der Ehen, die durch den Tod eines Partners aufgelöst wurden, in den letzten Jahren ab. Im Jahr 2000 wurden ca. 2 % der bestehenden Ehen durch den Tod eines Partners beendet.[67]

c. Stieffamilien in Deutschland

Patchwork – bzw. Stieffamilien werden vom Statistischen Bundesamt nicht gesondert ausgewiesen, weshalb konkrete Zahlen zu deren Häufigkeit in Deutschland bis jetzt nicht vorlagen.[68] Das Bundesministerium für Familie, Senioren, Frauen und Jugend (BMFSFJ) hat deshalb 2002 zum ersten Mal das Projekt „Stieffamilien" an das Deutsche Jugendinstitut vergeben. Ziel dieser Studie war es, anhand von aktuellen Daten die Verteilung von Stieffamilienkostellationen zu beschreiben und bisher nicht untersuchte Aspekte der Lebenssituation von Stiefkindern und Stiefeltern zu beleuchten.

In der erweiterten Neuauflage der Broschüre „Die Familie im amtlichen Spiegel der Statistik" ist nun erstmals ein Unterabschnitt enthalten, der sich zur Lebenssituation von Stieffamilien äußert.[69] Leider gibt es momentan keine neueren Zahlen.

1999 gab es in Deutschland insgesamt 15,3 Millionen Kinder unter 18 Jahren. Davon lebten ca. 850.000 der Kinder (5,5 %) in sog. Stieffamilien im engeren Sinne. Das bedeutet, sie lebten mit einem leiblichen und einem Stiefelternteil zusammen in einem Haushalt. Von diesen Kindern wachsen ca. 60 % bei verheirateten Eltern auf. Daraus resultiert die Tatsache, dass etwa 40 % aller Stiefkinder in Deutschland in nichtehelichen Lebensgemeinschaften leben. Rechnet man diese Zahlen auf alle Kinder um, so bedeutet das, dass etwa 47 % aller Kinder in nichtehelichen Lebensgemeinschaften in Westdeutschland Stiefkinder sind. In Ostdeutschland sind es in etwa 35 %. Etwa 90 % dieser Kinder leben mit der leiblichen Mutter und einem Stiefvater zusammen. Nur 10 % leben in einer sog. „Stiefmutterfamilie".[70] Des Weiteren ist es in der Regel so, dass die meisten dieser Kinder, die in einer Patchworkfamilie leben, die aufgrund Scheidung entstanden ist, sowohl einen Stiefvater als auch eine Stiefmutter haben, weil die leiblichen Eltern mit

65 Kremer, Das Stiefkind im Unterhaltsrecht, S. 24; Schwarz, Eltern und Kinder in unvollständigen Familien, Zf Bevölkerungswissenschaft, 10.jg, 1984, Heft 1, S.3; Hoffmann-Riem, Elternschaft ohne Verwandtschaft, S. 389, 395; Teubner in Bien /Hartl/Teubner (Hrsg.), S. 26.

66 Teubner in Bien /Hartl/Teubner (Hrsg.), S. 26.

67 Engstler/Menning, Die Familie im Spiegel der amtlichen Statistik, erweiterte Neuauflage 2003, S. 84.

68 vgl. Statistisches Jahrbuch 2009 für die Bundesrepublik Deutschland, hrsg. Vom Statistischen Bundesamt, Stuttgart 1997, S. 44.

69 Engstler/Menning, Die Familie im Spiegel der amtlichen Statistik, S. 42 f.

70 Engstler/Menning, Die Familie im Spiegel der amtlichen Statistik, S. 42 f.

einem neuen Partner zusammenleben.[71] Keine Stieffamilie bzw. Stiefeltern – Stiefkindbeziehung im Sinne dieser Arbeit liegt jedoch dann vor, wenn das Kind nur zu Umgangskontakten in die neue Erwachsenenbeziehung kommt.[72] Auch nichteheliche gleichgeschlechtliche Lebenspartnerschaften in der Form einer Patchworkfamilie bleiben bei der Untersuchung außer Betracht.[73]

d. Die nichteheliche Lebensgemeinschaft in der Form der nichtehelichen Stieffamilie

Auch die nichteheliche Lebensgemeinschaft hat in den letzten Jahren immer mehr an Bedeutung gewonnen, sowohl in der Form, in der zwei Partner zusammen mit ihren gemeinsamen Kindern leben, als auch als nichteheliche Stieffamilie. Waren 1996 noch lediglich 3,8 % der in Deutschland lebenden Familien nichteheliche Lebensgemeinschaften, waren es 2011 bereits 7,2 %, 2016 dann sogar 8,4 %.[74] Die Zahl dieser Familien hat sich somit in den letzten Jahren fast verdoppelt. Dafür spricht auch der Rückgang der Eheschließungen. So gab es 2015 nur noch 400.115 Eheschließungen in Deutschland, während es 1950 allein in der Bundesrepublik noch 750.452 waren.[75]

Im Jahr 2011 lebten in etwa 31 % der knapp 2,7 Millionen nichtehelichen Lebensgemeinschaften Kinder. Das sind absolut etwa 849.000 nichteheliche Lebensgemeinschaften mit Kindern.[76] Jedoch handelt es sich bei den Kindern nur zu einem Teil um gemeinschaftliche Kinder der Lebenspartner. Rund 45 % der nichtehelichen Lebensgemeinschaften mit Kindern sind nichteheliche Stieffamilien.[77] Zwar hat die Zahl der nichtehelich geborenen Kinder in den letzten Jahren insgesamt stark zugenommen. So wurden im Jahr 2010 33 % der in Deutschland geborenen Kinder nichtehelich geboren, während es im Jahr 1950 nur knapp 10 % waren. Jedoch sagt die Statistik nichts darüber aus, ob die Eltern dieser Kinder auch in einer nichtehelichen Lebensgemeinschaft leben.[78] Aktuelle Zahlen dazu liegen nicht vor.

So muss auf die Ergebnisse des Mikrozensus aus dem Jahr 2002 zurückgegriffen werden. In den meisten Fällen brachte damals die Frau die Kinder mit in die neue Partnerschaft. So lebten 2002 in ungefähr 68 % der nichtehelichen Lebensgemeinschaften mit Kindern (703.000) nur Kinder der Frau, in etwa 28 % lediglich Kinder des Mannes. Kinder der Frau und des Mannes gab es nur in 4 % der Partnerschaften, wobei es sich bei diesen Kindern sowohl um gemeinsame als auch um Kinder der Partner aus früheren Beziehungen handelte.[79]

71 Die Wiederverheiratungsrate geschiedener Mütter und Väter mit minderjährigen Kindern liegt bei ca. 40, vgl. Schwarz, Eltern und Kinder, S. 3.

72 zur mittelbaren Stiefelternschaft vgl. auch Muscheler, StAZ 2006, 189, 191.

73 vgl. dazu: Dethloff, Nichteheliche Lebensgemeinschaften und Kinder, S. 140.

74 Statistisches Bundesamt, Statistisches Jahrbuch 2017, S. 62.

75 Statistisches Bundesamt, Statistisches Jahrbuch 2017, S. 59.

76 Statistisches Bundesamt, Leben und Arbeiten in Deutschland – Ergebnisse des Mikrozensus 2011, S. 74, Schaubild 3.3.1.

77 Engstler/Menning, Die Familie im Spiegel der amtlichen Statistik, S. 42 f.

78 Statistisches Bundesamt, Statistisches Jahrbuch 2012, S. 33, Schaubild 2.2.1.

79 Statistisches Bundesamt, Leben und Arbeiten in Deutschland – Ergebnisse des Mikrozensus 2002, S. 22,

3. Bewusstseinsänderung in der Familie und Bedeutungsverlust von Verwandtschaft

Das BGB und auch die Gesellschaft an sich gehen nicht von einem einheitlichen Begriff der Familie oder des Familienangehörigen aus. Dennoch ist die Verwandtschaft in diesem Zusammenhang ein zentraler Anknüpfungspunkt.

Verwandtschaft besitzt heute jedoch nicht mehr denselben Stellenwert wie noch vor fast 120 Jahren, als das BGB geschaffen wurde.[80] Das grundsätzliche Familienverständnis, das die Gründer des BGB damals vor Augen hatten, war das Bild der institutionellen Großfamilie als wirtschaftliche Einheit und spiegelt unser heutiges Familien – und Gesellschaftsbild schon lange nicht mehr wider.[81]

Das Familienbild hat sich im Laufe der Zeit, wie bereits oben[82] dargestellt, enorm verändert, und auch die Beziehungen der Verwandten untereinander sind nicht mehr die gleichen wie früher.[83] Der Wandel der Familie, vor allem der äußere, hat dazu geführt, dass die familiäre Gemeinschaft heute nicht mehr als komplexe Gruppe von Verwandten verstanden werden kann, sondern eben meistens nur noch aus den engen „Kernfamilienmitgliedern" Vater, Mutter und den Kindern besteht, wenn hierzu freilich auch die Stieffamilienmitglieder zählen.[84] Der Zusammenschluss der verschiedenen Verwandten zu einem großen Kollektiv, das ein geschlossenes soziales System, ja eine wirtschaftliche Einheit bildet, stellt heute gerade nicht mehr den Regelfall dar.[85]

Und auch die Entstehung neuer Familienformen, sei es durch Scheidung oder Wiederverheiratung, führt zu einer Veränderung innerhalb der Verwandtschaft. Es kommen immer neue Personen in das Verwandtschaftssystem der Familie. Damit verändert sich auch die normative Verbindlichkeit von Verwandtschaft.[86]

Verwandte trifft man häufig nur noch bei bestimmten Anlässen, wozu auch die oft vorhandene räumliche Trennung beiträgt[87]; die Auswahl der Verwandten, mit denen man in regelmäßigem Kontakt steht, erfolgt danach größtenteils nicht mehr aufgrund funktionaler, wirtschaftlicher Abhängigkeit, sondern unter dem Gesichtspunkt gegenseitiger Sympathie.[88] An die Stelle der Verwandten ist in der heutigen Zeit zum Teil auch eine

---

Schaubild 11.

80 Die Arbeiten haben 1874 begonnen und wurden 1896 beendet. Vgl. Coing, Empfiehlt es sich, das gesetzliche Erbrecht neu zu regeln?, A 12.

81 Knoche, Die Partner einer nichtehelichen Lebensgemeinschaft, S. 84; Lipp, Elternschaft, „sozial-familiäre Beziehung" und „Bindungsperson", S. 122.

82 s. Kapitel II. 1., 2.

83 Lövenich, Neugestaltung des gesetzlichen Erbrechts, S. 84; Schwab, Familienrecht, § 1 Rn. 4; Leipold, JZ 2010, 802, 803.

84 Knoche, Die Partner einer nichtehelichen Lebensgemeinschaft, S. 93.

85 Lüschen in: Nave-Herz/Markefka (Hrsg.), Verwandtschaft, Freundschaft, Nachbarschaft, S. 435, 446.

86 so auch Vaskovics in: Schwab/Vaskovics (Hrsg.), S. 11, 13.

87 Huffmann, Die Erfassung der Familie im Zivilrecht.

88 Neidhardt, Die Familie in Deutschland, S. 29 ff.; König, Die Familie der Gegenwart, S. 69 ff.

„komplexe Öffentlichkeit“[89] getreten, die mit ihren Sozialverbänden verwandtschaftliche Beziehungen weniger wichtig erscheinen lässt.

Die verwandtschaftlichen Beziehungen reduzieren sich demnach hauptsächlich auf das Verhältnis zwischen Eltern und Kindern.[90] Einzige Ausnahme hierzu bildet die Beziehung zu den Großeltern bzw. der Mehrgenerationenhaushalt[91] sowie die sog. „Hausfamilie“[92], wobei man natürlich auch den verwandtschaftlichen Zusammenhalt bei individuellen Notfällen, wie z. B. Krankheit, nicht außer Acht lassen darf.[93] Die Isolation der Kernfamilie und die Lossagung von den Verwandten sind demzufolge zwar nicht absolut, jedoch deutlich stärker ausgeprägt als zu Beginn des 20. Jahrhunderts. Neidhardt verwendet in diesem Zusammenhang den Begriff „Solidarität auf Abruf“[94] und trifft damit den Kern des sozialen Wandels der Familie im Bereich verwandtschaftlicher Beziehungen.

Zusammenfassend lässt sich also feststellen, dass Verwandtschaft heute in der Regel nicht mehr eine isolierte Gemeinschaft bildet. Das bedeutet freilich nicht, dass es keinerlei soziale Beziehungen mehr zwischen den einzelnen Verwandten gibt und diese Lokkerung des Zusammenhalts einem Schwund an „Familiensinn“ gleichzusetzen ist.[95] Im Gegenteil, emotionale Bindungen zu den verschiedenen Verwandten sind für die Kernfamilie meist von hohem sozialen Wert, aber sie sind kein Teil eines formell geordneten Zusammenschlusses in solidarisch handelnden und gemeinschaftlich lebenden familiären Gruppierungen. Daraus ergibt sich, dass nicht die Familie, sondern die Verwandtschaft als reine Blutsverbindung an Bedeutung verloren hat.[96]

Diese Tatsache ist für das gesetzliche Erbrecht von enormer Wichtigkeit. Sieht man die reine Blutsverwandtschaft nicht mehr als alleinige Grundlage des gesetzlichen Erbrechts, so lässt sich das Verwandtenerbrecht nur noch mit dem Gedanken des Familienzusammenhalts, also der Familie als Solidargemeinschaft, rechtfertigen. Zu dieser familiären Gemeinschaft zählen aber nicht nur die Familien, die aus Vater, Mutter und den gemeinsamen Kindern bestehen, sondern eben auch die Stief – und Patchworkfamilien.

89 Neidhardt, aaO. S. 26.

90 Schwab, Familienrecht, § 1 Rn. 4.

91 Heutzutage sind nur noch 0,7 % der Privathaushalte in Westdeutschland Haushalte mit drei oder mehr Generationen. In Ostdeutschland sind es sogar nur 0,5 %, vgl. Peuckert, Familienformen im sozialen Wandel, S. 301.

92 Unter dieser Familienform versteht man den Zusammenschluss mehrerer Generationen einer Familie, die zwar in getrennten Wohnungen, aber unter einem Dach zusammenleben. Deutschlandweit leben 13,1 % der Bevölkerung in einer „Hausfamilie“, vgl. Peuckert, aaO.

93 Lüsche, Verwandtschaft, Freundschaft, Nachbarschaft, S. 446; Huffmann, Die Erfassung der Familie im Zivilrecht, S. 144.

94 Neidhartd, Die Familie in Deutschland, S. 27.

95 Neidhartd, aaO S. 29; König, Die Familie der Gegenwart, S. 45 ff.

96 Coing, Empfiehlt es sich, das gesetzliche Erbrecht neu zu regeln?, A 22.

4. Gesellschaftliche Vorbehalte

Obwohl die Stieffamilie, egal ob ehelich oder nichtehelich, in der heutigen Zeit eine dominiererende Position im Bereich des familiären Zusammenlebens einnimmt und auch keine „neue Familienform" im historischen Sinne darstellt, befindet sich im gesellschaftlichen Fokus immer noch das Ideal der Familie, in der Eltern und Kinder miteinander verwandt sind; andere Familienformen werden häufig als besonders angesehen.[97]

Die Zunahme solcher Lebensgemeinschaften und die damit einhergehende bewusste Entscheidung gegen die Ehe bzw. die traditionelle Familienform ist tatsächlich eine Erscheinung, die erst seit ein paar Jahren zu beobachten ist.[98]

Sprach man früher noch abwertend von Konkubinat[99], wilder Ehe oder Onkel-Ehe, so handelt es sich mittlerweile bei der nichtehelichen Lebensgemeinschaft um eine gesetzlich anerkannte Lebensform, deren Innenverhältnis wirksam gestaltet werden kann. So herrscht hinsichtlich der testamentarischen Verfügungen zugunsten eines Partners heute volle Testierfreiheit, auch wenn der nichteheliche Partner noch immer nicht gesetzlicher Erbe seines Lebensgefährten werden kann.

Die Rechtsprechung war in Bezug auf die Errichtung von Verfügungen zugunsten des Lebensgefährten bis Mitte der 70er Jahre des letzten Jahrhunderts streng. Solche Verfügungen wurden aufgrund der Sittenwidrigkeit außerehelicher Lebensgemeinschaften stets als unwirksam angesehen. Erst durch den Wandel der Moralvorstellung hinsichtlich der sog. Geliebtenbeziehung und durch die Aufgabe des Sittenwidrigkeitsverdikts des Konkubinats durch den BGH[100] genießt die nichteheliche Lebensgemeinschaft im Erbrecht[101] den Schutz der Rechtsordnung, und auch die Gesellschaft findet größtenteils nichts mehr an ihr auszusetzen. Diese Grundsatzentscheidung des BGH hat dazu geführt, dass die nichteheliche Lebensgemeinschaft auch in anderen Bereichen des Zivilrechts rechtliche Anerkennung erfahren hat und heute ein weit verbreitetes Phänomen der Rechtswirklichkeit darstellt.[102]

---

97 Drischmann, Das Sorgerecht in Stieffamilien, S. 2.

98 Kreyenfeld/Konietzka, Nichteheliche Lebensgemeinschaften, S. 49.

99 zur Geschichte der nichtehelichen Lebensgemeinschaft vgl. u.a. Schwab, FamRZ 1981, 1151.

100 frühere Rechtsprechung des BGH: BGHZ 20, 71, 72 ff = NJW 1956, 865; erst in seiner Entscheidung vom 31.03.1970 änderte der BGH seine strenge Auffassung: BGHZ 53, 369 = NJW 1970, 1273; BGHZ 77, 55: „Aus dem Gesichtspunkt der §§ 138, 817 BGB ergibt sich nichts Gegenteiliges. Zuwendungen in einer nichtehelichen Lebensgemeinschaft, die auf Dauer angelegt und von inneren Bindungen getragen ist, sind nicht sittenwidrig, wenn nicht besondere Umstände hinzutreten".

101 natürlich nur insoweit, dass es nicht mehr sittenwidrig ist, seinen nichtehelichen Partner im Rahmen einer testamentarischen Verfügung zu bedenken. Von der gesetzlichen Erbfolge bleibt der nichteheliche Lebenspartner de lege lata weiterhin ausgeschlossen.

102 vgl. zum Mietrecht: Mietrechtsreformgesetz von 2001, dass dem überlebenden Partner den Eintritt in und die Fortsetzung des Metverhältnisses beim Tod des Mieters ermöglichte, § 563 Abs. 2 S. 3, 4 BGB; im Bürgschaftsrecht kommt es zu einer Entlassung des finanziell überforderten Bürgen aus der Haftung, falls dieser zum Hauptschuldner ein Näheverhältnis pflegt, das auch in einer nichtehelichen Lebensgemeinschaft bestehen kann, BGH FamRZ 2003, 1741; NJW 2000, 1182.

5. Zusammenfassung

Die gesellschaftlichen Entwicklungen im Bereich der Familie lassen sich durchaus, wie an den obigen Ausführungen deutlich wird, als sozialer Wandel charakterisieren.

Die Bildung neuer Familienkostellationen und damit einhergehend die Segmentierung der Elternschaft ist zwar kein Phänomen unserer Zeit und historisch nicht neu; diese Segmentierung wird jedoch sowohl in der Sozialwissenschaft als auch in der Rechtswissenschaft zum Teil nur aus der Elternperspektive betrachtet.[103] Welche Rolle spielt der Stiefvater oder die Stiefmutter in der neuen Familie? Welche Rechte stehen diesen Personen in Bezug auf die einzelnen Familienmitglieder, insbesondere auf die Kinder, zu?

Die Veränderung der Kindschaftskonstellationen als simultane Veränderung dieser Neukonstituierung bleibt dabei häufig außer Betracht. Dabei kann festgestellt werden, dass der soziale Wandel im Hinblick auf die Familien und die damit meist einhergehende Segmentierung der Elternschaft korrespondierend zugleich immer auch eine Pluralisierung der Positionen des betroffenen Kindes mit sich bringt. Es spielt gerade aus juristischer Sicht eine entscheidende Rolle für die einzelnen Rechte des Kindes, welche Position es in der Familie innehat. Ist es leibliches Kind oder Stiefkind oder womöglich beides gleichzeitig? Die jeweilige Rolle des Kindes ergibt sich korrespondierend mit der Rolle des Elternteils und steht damit in direktem Zusammenhang.

Erbrechtlich gesehen bedeutet dies, dass die Segmentierung der Elternschaft sich rechtlich gesehen natürlich auch auf die jeweiligen Erbberechtigungen der in der Familie lebenden Kinder auswirkt. Als nächsten Schritt gilt es deshalb zu klären, ob sich aus der Neukonstituierung der Familie auch Folgerungen für das gesetzliche Erbrecht von Stiefkindern ergeben müssen und wenn ja, welche.

Der Gesetzgeber macht es sich in Bezug auf die veränderten gesellschaftlichen familiären Verhältnisse oft leicht, indem er die entstandene Komplexität entweder schlicht ignoriert und annimmt, das Ideal der Familie liege immer noch in der Koinzidenz von genetischer, rechtlicher und sozialer Elternschaft oder dieser Komplexität nur ansatzweise Rechnung trägt.[104] Dieses Ideal existiert in der heutigen Zeit natürlich immer noch zu Hauf, bildet aber nicht mehr den Regelfall.

Ob der soziale Wandel innerhalb der Familie auch zu einer Veränderung des rechtlichen Familienbegriffs geführt hat, so dass sich daraus ein zwingender Reformbedarf im Erbrecht ableiten ließe, ist nicht zu untersuchen. Denn der rechtliche Familienbegriff ist schon gar nicht Ursache der geltenden Erbrechtsordnung.[105]

Die Frage richtet sich vielmehr darauf, zu ermitteln, in welcher Weise bzw. ob das gesetzliche Erbrecht mit den gewandelten familiären Verhältnissen überhaupt im Zusammenhang steht.

---

103 Vaskovics, Segmentierung und Multiplikation von Elternschaft, S. 23; Lipp, Elternschaft, S. 123 f..

104 so z.B. durch die Schaffung neuer Normen im Familienrecht in Bezug auf Stiefeltern.

105 Rauscher, Band I, S. 206 ff, 210.

Ist die These gerechtfertigt, dass das BGB auf diese geänderten Tatsachen nicht ausreichend genug reagiert hat und die Familie und die verwandtschaftliche Verbundenheit noch genauso wie vor 100 Jahren sieht, weshalb es den Auffassungen der heutigen Gesellschaft nicht mehr gerecht wird?[106] Obliegt dem Gesetzgeber vielleicht sogar eine Handlungspflicht, gerade im Hinblick auf die Schutzwürdigkeit von minderjährigen Stiefkindern? Begründet diese Art von familiärem Wandel eine Änderung bzw. Anpassung der gesetzlichen Normen im Erbrecht?

Schließt man sich der Meinung Leipolds[107] an und geht davon aus, dass das Familienmodell Stieffamilie und ihre einzelnen Mitglieder bei Schaffung des BGB zumindest teilweise im Fokus der Gesetzesväter standen, insbesondere, weil es sich bei dieser Familienform um kein Phänomen der heutigen Zeit handelt, so bleibt doch die Tatsache, dass sowohl die Akzeptanz gegenüber solchen nicht traditionell vorgegebenen Familienmodellen als auch deren Anzahl in den letzten Jahren enorm zugenommen hat.[108]

106 zu dieser Auffassung gelangte bereits Feil, RdJB 1971, 257, 263.

107 vgl. hierzu Leipold, AcP 180 (1980), 160, 175, insbesondere Fn. 38.

108 Diese Zunahme nicht traditionell vorgegebener Lebensmodelle wurde auch bereits 2009 als Begründung für die Erbrechtsreform von 2010 angeführt, vgl. BT-Drucksache 16/13543, S. 1.

V. Kapitel: Auswirkungen der veränderten gesellschaftlichen und sozialen Lebensformen auf das geltende Recht

Soeben wurde dargestellt, inwieweit sich die Lebensformen in unserer Gesellschaft in den letzten Jahren verändert haben. In einem zweiten Schritt sollen nun die Auswirkungen auf das Recht, insbesondere auf das Verfassungsrecht, das Familienrecht sowie das Steuer – und Sozialrecht, näher untersucht werden.

Plurale Familienformen sind dem Gesetz nicht gänzlich unbekannt und schon gar kein Phänomen unserer Zeit. Auch der Gedanke des Zusammengehörigkeitsbewusstseins und des Familiensinns haben bereits bei der Schaffung des BGB eine Rolle gespielt. Insofern hat sich der Gesetzgeber ständig damit befasst und zum Teil auch schon vor einiger Zeit darauf reagiert. Die oben dargestellten demographischen Veränderungen zeigen nicht nur eine Reduktion der Familiengröße in Bezug auf die Anzahl der gemeinsamen Kinder[109], zudem fällt auch die schwindende Notwendigkeit der Versorgung der Abkömmlinge ins Auge.

Viel entscheidender ist jedoch die Ausweitung bzw. Vergrößerung der Familie im weiteren Sinne, weg von der Ehe als der alleinigen partnerschaftlichen Lebensform und hin zu mehr Offenheit und Freiheit, was die Gestaltung der Familie angeht. Nichteheliche Lebensgemeinschaften, Stieffamilien, gleichgeschlechtliche Partnerschaften mit oder ohne Kinder, all diese Familienformen sind heute keine Seltenheit mehr.

Welchen Einfluss hat also der sozial-gesellschaftliche Wandel innerhalb der Familie auf das Recht?

Recht und soziale Lebensverhältnisse beeinflussen sich laut Pikalo wechselseitig.[110] Dieses Argument muss unter zwei Gesichtspunkten näher betrachtet werden.[111]

Zum einen gibt es Meinungen, die dem Recht ganz generell einen Einfluss auf die Gesellschaft bescheinigen. Der rechtliche Wandel eilt in diesen Fällen dem sozialen Wandel voraus und hat damit eine Wirkkraft zugunsten des sozialen Wandels.[112] Rauscher bescheinigt dem bürgerlichen Recht sogar die Kraft, erwünschte gesellschaftliche Entwicklungen voranzutreiben, sieht aber auch die Gefahr, die diese Entwicklung mit sich bringt. So kann sich das Recht in eine bestimmte Richtung fortbilden, die Gesellschaft aber eine ganz andere einschlagen. Folge dieses Prozesses wäre im ungünstigsten Fall,

109 Die Reduzierung der Familiengröße wirft gerade im Hinblick auf den Geburtenrückgang und die damit verbundene Kinderlosigkeit vieler Ehepaare die Frage auf, ob der Ehegattenerbteil zu erhöhen ist bzw. in diesen besonderen Fällen die Verwandtenerbfolge beschränkt werden soll. Die Beantwortung dieser Frage steht jedoch nicht in direktem Zusammenhang mit der Stieffamilie und soll aus diesem Grund nicht Teil der vorliegenden Untersuchung sein, weshalb auch nicht näher erläutert werden soll, ob aus dieser Art von gesellschaftlichem Wandel die Notwendigkeit einer Reform des gesetzlichen Erbrechts herrührt.

110 Pikalo, FS Schad, S. 403.

111 vgl. Rauscher, Band I, S. 171 ff.

112 Ostner/Schumann, Steuerung der Familie durch Recht, S. 297; Rauscher, Band I, S. 178.

dass zwischen der Gesellschaft und dem sie beherrschenden Recht ideologische Differenzen herrschen.[113]

Andere sprechen sich dafür aus, dass die Veränderungen der Gesellschaft seit Inkrafttreten des BGB dahingehend Auswirkungen auf das Recht haben, dass eine Korrektur unerlässlich sei. Dieser nachholende gesetzliche Wandel bewirkt, dass das Gesetz auf die veränderte Gesellschaft zu reagieren hat.[114]

Zum Teil wird auch die Meinung vertreten, das Gesetz hinke dem Trend hin zu einer Pluralisierung der Lebensformen hinterher, befinde sich teilweise sogar im Widerspruch zu diesem.[115] Auch Schwab sieht die Aufgabe der Rechtsordnung darin, der personalen und sozialen Wirklichkeit entsprechende Regelungen zur Verfügung zu stellen. Denn solche Bindungen und Zuwendungen entwickeln sich außerhalb des Rechts, werden demnach nicht durch dieses begründet, sondern vielmehr von diesem vorgefunden.[116]

Die Untersuchung soll sich zunächst auf die Darstellung von Beispielen der nachholenden Rechtsanpassung an die veränderten familiären Lebenskonstellationen beschränken. Im Anschluss daran soll ermittelt werden, ob speziell im Erbrecht eine Reform im Hinblick auf den gesellschaftlichen Wandel notwendig ist.

1. Die verfassungsrechtliche Stellung der ehelichen und nichtehelichen Stieffamilie

Der gesellschaftliche Wandel im Bereich der Familie hat dazu geführt, dass auch das Grundgesetz auf diese Veränderungen reagiert hat.

Art. 6 GG ist die Norm im Grundgesetz, die sich mit dem Schutz der Familie und der in ihr lebenden Personen befasst.

Das Bundesverfassungsgericht hat den Familienbegriff und damit auch den Schutzbereich des Art. 6 Abs. 1 GG in den letzten Jahren nach und nach massiv ausgeweitet.

Der hohe Stellenwert der Familie, egal ob durch Ehe formalisiert oder nicht, und der in ihr vorherrschenden Nähebeziehungen spiegelt sich somit jetzt auch in deren verfassungsrechtlichem Schutz wider.

Doch auch die Rechtsposition der Stiefeltern als soziale Eltern des Kindes sollte de lege ferenda berücksichtigt werden. So lässt sich aus den Grundsätzen des BVerfG zur sozial-familiären Beziehung schließen, dass dem Gesetzgeber durchaus bewusst ist, dass zwischen der rechtlichen Zuordnung der Elternschaft und der sozial-familiären Beziehungen in Stief – und Patchworkfamilien eine gewisse Diskrepanz herrscht, er sich aber scheut, dieser Lebenswirklichkeit dadurch Rechnung zu tragen, dass er die Pluralisierung der Elternschaft tatsächlich gesetzlich erfasst.

---

113 Rauscher, Band I, S. 178.

114 Ostner/Schumann, Steuerung der Familie durch Recht, S. 294 f., 297.

115 Ostner/Schumann, Steuerung der Familie durch Recht, S. 289.

116 Schwab, Gutachten zum 54. DJT, A 63, A 66.

Dafür muss die Frage geklärt werden, wieweit der persönliche Schutzbereich des Art. 6 Abs. 2 GG reicht und an welche Voraussetzungen er anknüpft. Wertet das Grundgesetz biologische, soziale und rechtliche Elternschaft unterschiedlich?[117]

Zunächst soll jedoch der verfassungsrechtliche Schutz der Stieffamilie nach Art. 6 Abs. 1 GG näher untersucht werden.

a. Art. 6 Abs. 1 GG, Schutz von Ehe und (Stief-)Familie

Die Familie im Sinne einer tatsächlichen Lebens – und Erziehungsgemeinschaft von Eltern mit ihren Kindern[118] unterliegt dem Schutz von Art. 6 Abs. 1 GG. Dabei stehen die tatsächlichen Gegebenheiten im Fokus und nicht allein der Grad der Verwandtschaft.

In dieser Hinsicht hat sich die Rechtsprechung des Bundesverfassungsgerichts gewandelt weg vom engen Familienbegriff, der als Familie lediglich die Kleinfamilie bestehend aus Vater, Mutter und deren gemeinsamen Kindern ansah.[119] Den Schutz aus Art. 6 Abs. 1 GG genoss damals nur „die in der Hausgemeinschaft geeinte engere Familie".[120] Zwar spricht das Bundesverfassungsgericht in dieser Entscheidung nicht explizit von Abstammung und genetischen Verwandtschaftsbeziehungen der einzelnen Familienmitglieder untereinander; es ist aber wohl anzunehmen, dass zum damaligen Zeitpunkt im Hinblick auf die enge Familie kein Platz für soziale oder faktische Verbundenheit bestand.

Heute ist Familie in diesem Sinn jedoch nicht mehr gleichbedeutend mit einer durch Ehe verbundenen Partnerschaft mit gemeinsamen Kindern. Vielmehr umfasst die Familie, die diesen grundrechtlichen Schutz genießt, auch Familiengemeinschaften im weiteren Sinne. Das Bundesverfassungsgericht hat sich somit losgelöst vom engen Familienbegriff, der den grundrechtlichen Schutz allein der Kernfamilie zusprach und den Schutzbereich des Art. 6 Abs. 1 GG auf alle Mitglieder der Familie, auch wenn sie nur durch soziale Beziehungen verbunden sind, ausgeweitet.[121]

Der Grundrechtsschutz setzt somit den Bestand einer rechtlichen Beziehung bzw. Verwandtschaft ebenso wie eine Ehe nicht voraus. Beide Merkmale sind für den Familienbegriff damit nicht (mehr) konstitutiv.[122] Das Augenmerk liegt vielmehr auf der tatsächlichen Verantwortungsübernahme füreinander. So definiert das Bundesverfassungsgericht in seiner ständigen Rechtsprechung die Familie als „tatsächliche Lebens – und Erziehungsgemeinschaft der Kinder und ihrer Eltern"[123].

Dadurch wird versucht, die gelebte Realität auch im vorherrschenden Familienbegriff abzubilden. Nach der Auffassung des Bundesverfassungsgerichts ist der Gesetzge-

[117] Mit dieser Frage hat sich bereits Plettenberg in ihrer Arbeit befasst; Plettenberg, Vater, Vater, Mutter, Kind, S. 20 ff.

[118] BVerfG, FamRZ 2014, 1435

[119] Uhle, NVwZ 2015, 272.

[120] BVerfG, NJW 1978, 2289, 2290.

[121] BVerfG, NJW 2014, 2853; Uhle, NVwZ 2015, 272.

[122] BeckOK GG/Uhle, Art. 6, Rn. 15 ff.

[123] BVerfG, FamRZ 2014, 1435.

ber ebenfalls nicht verpflichtet, die rechtliche Anerkennung der Elternschaft stets von der Prüfung abhängig zu machen, von wem das Kind im Einzelfall abstammt. Im Hinblick auf den Schutz familiär-sozialer Beziehungen aus Art. 6 Abs. 1 GG und den Schutz der Intimsphäre aus Art. 2 Abs. 1 GG sei es ausreichend, aus bestimmten tatsächlichen Umständen und sozialen Situationen auf die Abstammung eines Kindes zu schließen.[124]

Das Familiengrundrecht hat nach der heute herrschenden Rechtsprechung den Schutz der spezifisch psychologischen und sozialen Funktion der familiären Bindung im Auge und sieht die Familie somit als Grundlage der leiblichen und seelischen Entwicklung prinzipiell schutzbedürftiger Kinder.[125]

Diese familiäre Bindung ist auch bei Stieffamilien anzunehmen, egal ob sie formalisiert sind oder nicht.[126] Der Schutz der Familie nach Art. 6 Abs. 1 GG reicht insofern über das Elternrecht des Art. 6 Abs. 2 S. 1 GG hinaus.[127]

Die Institution „Stieffamilie", und zwar sowohl die eheliche als auch die nichteheliche[128], sollte demnach unter dem besonderen Schutz staatlicher Ordnung stehen, was bedeutet, dass es dem Staat zum einen untersagt ist, diese Familienform zu beeinträchtigen. Auf der anderen Seite ergibt sich daraus aber auch die Aufgabe des Staates, diese Familien zu fördern und vor Beeinträchtigungen zu bewahren. Insofern stehen sich also zwei Schutzdimensionen gegenüber, eine positive und eine negative.[129]

Wenn sich aber aus Art. 6 Abs. 1 GG ein Beeinträchtigungs – und Benachteiligungsverbot des Staates gegenüber der Stieffamilie ergibt, so bedeutet dies gleichzeitig auch eine Konkretisierung des in Art. 3 Abs. 1 GG enthaltenen Maßstabs. Somit darf es ebenso wenig zu einer ungerechtfertigten Vorenthaltung von Vorteilen wie zu einer diese Familienform belastenden Unterscheidung kommen, die an die Existenz einer Ehe oder an die Wahrnehmung des Elternrechts in einer ehelichen Erziehungsgemeinschaft anknüpft.[130]

Vielmehr hat das Recht hier sogar eine dienende Funktion. Familiäre Strukturen, die eine „Entfaltungsfreiheit des privaten Lebensbereiches" ermöglichen und intensivieren,

124 BVerfGE 18, 97, 106; 22, 163, 172 f und 36, 146, 167 zur Stieffamilie, soweit sie "tatsächlich und von der Rechtsordnung anerkannt weitgehend die Funktion der natürlichen Familie erfüllt".

125 BVerfG, NJW 2013, 847, 850.

126 BVerfG, NJW 1964, 1563; BVerfG, NJW 1989, 891.

127 BVerfG, NJW 2013, 847, 850.

128 BVerfGE 18, 97, 105 f.; 79, 256, 267.Zwar hat das Bundesverfassungsgericht in seiner Entscheidung offen gelassen, ob die nichteheliche Stieffamilie auch eine Familie im Sinne des Art. 6 Abs. 1 GG bildet, BVerfG FamRZ 2005, 595, 59; diese Stieffamilie, in der Stiefelternteile mit dem Partner und dessen Kind eine Familie bilden, ohne selbst in einem rechtlichen und/oder biologischen Verhältnis zu dem Kind zu stehen, fallen aber offensichtlich auch unter den Schutz des Art. 6 Abs. 1 GG, denn die Familieneigenschaft ist in diesem Fall über das Eltern-Kind-Verhältnis zwischen dem Kind und dem rechtlichen, regelmäßig auch leiblichen, Elternteil vermittelt..

129 BeckOK/Uhle, Art. 6 GG, Rn. 20, 33.

130 BeckOK/Uhle, Art. 6 GG, Rn. 34; BVerfGE 82, 60, 80 = NJW 1990, 2869; BVerfGE 99, 216, 232 = NJW 1999, 557; zur Ungleichbehandlung von eheähnlichen Lebensgemeinschaften: BVerfGE 107, 205, 215 = NJW 2003, 1381; zur Ungleichbehandlung von anderen Lebensformen: BVerfGE 105, 313, 346 = NJW 2002, 2543.

stehen unter besonderem Schutz. Dabei muss das Recht die Freiheit eines jeden Familienmitglieds akzeptieren, sich selbst entscheiden zu dürfen, zu welcher Person innerhalb der Familie eine Bindung aufgebaut wird. Ja, das Recht muss diese Freiheit nicht nur akzeptieren, sondern auch durch die geeigneten Regelungen fördern. Ein Kind kann somit mehr als nur ein bis zwei Bezugspersonen haben, und diese innerfamiliären Beziehungen stehen unter grundrechtlichem Schutz.[131]

Insofern muss den Stimmen[132], die der nichtehelichen Familie den Schutz aus Art. 6 Abs. 1 GG versagen, weil diese sich wohl bewusst für eine rechtliche Unverbindlichkeit ihres Zusammenlebens entschieden hat, entgegengehalten werden, dass es eben gerade nicht auf die statusbezogene Verbindung der Eltern zueinander bzw. zu ihren Kindern ankommt.[133] Entscheidend ist vielmehr eine sozial-familiäre Verbindung der einzelnen Familienmitglieder untereinander, unabhängig von Ehe und Abstammung.

So genießt auch eine auf Dauer angelegte nichteheliche Lebensgemeinschaft mit Kindern den Schutz des Art. 6 Abs. 1 GG.[134] Und auch dem Kind, das in einer „unvollständigen" Familie, d. h. in einer Familie, in der nicht beide Elternteile seine leiblichen sind, aufwächst, egal ob ehelich oder nicht, darf aus dieser Situation, auf die es keinen Einfluss hat, kein Nachteil entstehen. Denn nichteheliche Familien erfüllen ebenso wie eheliche diejenigen Funktionen, die die Grundlage des besonderen staatlichen Schutzes des Art. 6 Abs. 1 GG bilden, nämlich Solidaritäts-, Reproduktions – und Sozialisationsfunktionen.[135]

Die Regelung des Art. 6 Abs. 1 GG zeigt demnach in seiner Gesamtschau, dass das Verfassungsrecht vor allem den Schutz der Eltern-Kind-Verbindung im Auge hat, und zwar unabhängig davon, in welcher familienrechtlichen Beziehung Eltern und Kinder zueinanderstehen. Mitumfasst ist gleichfalls der Schutz der in diesen Familien lebenden Kinder, egal ob es sich dabei um leibliche Kinder oder um Stiefkinder handelt.

Der verfassungsrechtliche Schutz des Art. 6 Abs. 1 GG umfasst somit nicht nur die „klassische" Familie, sondern auch die Stief – bzw. Patchworkfamilie und sollte de lege ferenda auch die nichteheliche Stieffamilie in seinen Schutzbereich miteinbeziehen.

Und auch Art. 8 EMRK schützt die Stieffamilie als Solidargemeinschaft.

Dabei knüpft nach der ständigen Rechtsprechung des *EGMR* der Schutz des Familienlebens an die tatsächlich bestehende soziale Beziehung zwischen den Familienmitgliedern an. Nicht die rechtliche Verbindung zwischen zwei Personen ist damit entscheidend für die Einordnung als „Familienleben", sondern das tatsächlich bestehende

---

131 Uhle, Abschied vom engen Familienbegriff, NVwZ 2015, 272, 274.

132 Niebler, Nichteheliche Lebensgemeinschaft, S. 19; Grziwotz, Die Nichteheliche Lebensgemeinschaft, S. 50; Lechler, FamRZ 1979, 1 f..

133 BVerfGE 36, 126, 136 = NJW 1974, 268; BVerfGE 108, 82, 112 = NJW 2003, 2151; BverfGE 112, 50 = NJW 2005, 1413.

134 BVerfG, NJW 2003, 2151; BVerfG, NJW 2005, 1413; BVerfGE 106, 166 ff.

135 Ostner/Schumann, Steuerung der Familie durch Recht, S. 307.

Familienleben.[136] Deshalb ist zum einen unerheblich, ob die Eltern, auch die Stiefeltern, miteinander verheiratet sind oder nur eine faktische Beziehung zwischen ihnen besteht. Die biologisch-genetische Abstammung zwischen einem Elternteil und einem Kind allein genügt ebenfalls nicht zur Begründung des Familienlebens.[137] Umgekehrt können auch rein soziale Eltern ohne biologisch-genetische Verbindung mit dem Kind ein Familienleben führen.[138]

Allerdings garantiert Art. 8 EMRK kein *Erbrecht*, es ist Sache der Staaten, Regelungen darüber zu treffen.

b. Art. 6 Abs. 2 GG, Stiefeltern als Träger des Elternrechts?

Die grundrechtliche Rechtsposition des Stiefelternteils muss im Rahmen des Art. 6 Abs. 2 GG, der das Elternrecht ganz allgemein regelt, untersucht werden.

Ganz entscheidend in diesem Zusammenhang ist die Frage, was unter dem Begriff „Elternschaft" eigentlich zu verstehen ist. „Elternschaft" kann unter verschiedenen Blickwinkeln näher beleuchtet werden. Meint das Gesetz in Art. 6 Abs. 2 GG biologische, soziale oder rechtliche Elternschaft? Ist einer bestimmten Elternschaft der Vorzug zu geben, oder hängen alle drei Formen miteinander zusammen und machen für sich gemeinsam „Elternschaft" erst aus?

aa. Das Elternrecht aufgrund biologischer Elternschaft

Gem. Art. 6 Abs. 2 GG sind Pflege und Erziehung der Kinder das natürliche Recht der Eltern und die zuvörderst ihnen obliegende Pflicht. Dies bedeutet also, dass dieses Recht nicht vom Staat verliehen, sondern als vorgegebenes Recht von ihm anerkannt wird.[139] Vorgegeben bedeutet in diesem Zusammenhang, dass das Elternrecht aus Art. 6 Abs. 2 GG zunächst einmal den beiden biologischen Eltern zusteht.

Das Bundesverfassungsgericht spricht in diesem Kontext jedoch nicht von Genetik, sondern von der Verantwortungsübernahme und bringt damit zum Ausdruck, dass auch der sozialen Komponente beim Recht aus Art. 6 Abs. 2 GG eine entscheidende Bedeutung zuzumessen ist. Es geht somit nicht allein um die biologische Elternschaft; vielmehr spielt auch bei Art. 6 Abs. 2 GG die tatsächliche Familienrealität eine große Rolle. Natürlichkeit wird dabei so verstanden, dass diejenigen, die einem Kind das Leben geben, von Natur aus grundsätzlich bereit sind, die Verantwortung für dieses Kind zu übernehmen.[140] Das Recht ist dadurch somit naturgegeben, jedoch werden die Personen, die es ausüben können, von der Rechtsordnung bestimmt.[141]

---

136 EGMR, NJW 1979, 2449 – Marckx/Belgien.

137 EGMR, NJW 2011, 3565 = FamRZ 2011, 269 – Anayo/Deutschland; EGMR, NJW 2012, 2781 = FamRZ 2011, 1715 mit Anm. Helms – Schneider/Deutschland; EGMR, NJW 2015, 2319– I. S./Deutschland.

138 s.a. Sanders, NJW 2017, 925, 926.

139 BVerfG, NJW 2003, 2151, 2152, bezugnehmend auf BVerfG, NJW 1982, 1375.

140 BVerfG, NJW 2003, 2151, 2152; Maunz/Dürig/Badura, Art. 6 GG, Rn. 91.

141 Maunz/Dürig/Badura, Art. 6 GG, Rn. 99.

So drängt sich bereits an dieser Stelle die Frage auf, warum für die Bereitschaft, Verantwortung für ein Kind zu übernehmen, leibliche Abstammung notwendig sein soll bzw. warum der Gesetzgeber gehalten sein soll, die Zuweisung der elterlichen Rechtsposition an der Abstammung des Kindes auszurichten[142] und nicht auch eine sozial-familiäre Beziehung, wie sie zwischen Stiefeltern und Stiefkindern bestehen kann, ausreichend sein soll, vor allem deshalb, weil doch das verfassungsgarantierte Elternrecht in so engem Zusammenhang mit der Bereitschaft steht, tatsächliche Verantwortung für das Kind zu übernehmen.

Verantwortung muss in diesem Kontext nicht nur Verantwortung für Pflege, Erziehung und Sorge des Kindes bedeuten, auch wenn die gesetzliche Ausgestaltung des Elternrechts in erster Linie notwendig ist, um Rechtsstellung und Pflichtenbindung der Eltern im Familienrecht normativ wirksam werden zu lassen.[143]

Das Merkmal der sozialen Verantwortungsübernahme bringt es mit sich, dass in einigen Fällen die biologische Elternschaft beim Recht aus Art. 6 Abs. 2 GG unberücksichtigt bleibt. So ist der Kreis der Berechtigten in diesen Fällen nicht auf die biologischen Eltern beschränkt, sondern weiter zu ziehen. Auch diejenigen, die zwar nicht durch Geburt und Zeugung zur Übernahme elterlicher Verantwortung berufen sind, aber aus anderen rechtlichen Gründen in einer mit der natürlichen Eltern-Kind-Verbindung vergleichbaren Beziehung stehen, sind als Träger des Elternrechts aus Art. 6 Abs. 2 GG anerkannt. Hierunter fallen die Adoptiveltern[144] sowie der Scheinvater, solange er sich nicht durch Anfechtung gegen die Vermutung der Ehelichkeit des Kindes wehrt.

Auch das Bundesverfassungsgericht wendet sich in einer neueren Entscheidung gegen die Auffassung, das Elternrecht werde nur den biologischen Eltern gewährt. Zuletzt hat es 2013 entschieden, dass das Elterngrundrecht auch zwei Personen gleichen Geschlechts zustehen kann.[145]

bb. Das Elternrecht aufgrund sozialer Elternschaft

Es bleibt die Frage, ob de lege ferenda allein faktische, soziale Elternschaft genügen soll, um Elternschaft i.S.d. Grundgesetzes zu begründen.

Im Ergebnis kommt es wohl entscheidend darauf an, ob die Übernahme der elterlichen Verantwortung, also der Eintritt in alle Rechte und Pflichten, vollständig und grundsätzlich unwiderruflich erfolgen muss, um das Recht aus Art. 6 Abs. 2 GG zu begründen.[146]

Zieht man an dieser Stelle den Vergleich zur Pflegefamilie, in der das Eltern-Kind-Verhältnis generell auf eine gewisse Dauer angelegt ist und bei der wohl davon auszugehen ist, dass die Übernahme von Elternverantwortung eine auch dauerhafte sein soll, so hat das BVerfG die Beantwortung der Frage, ob diesen „Eltern" die Rechte aus Art. 6 Abs. 2

142 so Maunz/Dürig/Badura, Art. 6 GG, Rn. 91.

143 Maunz/Dürig/Badura, Art. 6 GG, Rn. 95.

144 BVerfGE 24, 119, 136, 150; Erichsen, Elternrecht, S. 28; Maunz/Dürig/Badura, Art. 6 GG, Rn. ???.

145 BVerfG, NJW 2013, 847.

146 so auch Drischmann, Das Sorgerecht in Stieffamilien, S. 89.

GG zustehen sollen, zwar in einer Entscheidung offen gelassen,[147] von der überwiegenden Meinung wird dies jedoch abgelehnt.[148] Eine endgültige Entscheidung diesbezüglich steht noch aus, es lässt sich aber eine Tendenz der Rechtsprechung erkennen. Wie so oft kommt es auf den tatsächlichen Einzelfall und die bestehenden sozial-familiären Bindungen der einzelnen Familienmitglieder an.[149]

Im Hinblick auf die Stieffamilie wird ein Elternrecht nach Art. 6 Abs. 2 GG ebenfalls abgelehnt. Die Stieffamilie fällt jedoch ebenfalls wie die Pflegefamilie unter den Schutzbereich des Art. 6 Abs. 1 GG, sodass eine Abwägung der Interessen auch in diesem Fall unerlässlich ist.

Wenn aber die Eltern-Kind-Beziehungen, und zwar nicht nur die genetischen, sondern auch die sozialen, innerhalb der Familie den Grundrechtsschutz des Art. 6 Abs. 1 GG genießen, warum erscheint dann eine Ausweitung des sozial-familiären Schutzes auch im horizontalen Bereich der Familie so abwegig?[150]

Das Elternrecht aus Art. 6 Abs. 2 GG steht dem rechtlichen Vater unzweifelhaft zu, und zwar auch dann, wenn er nicht der leibliche Vater des Kindes ist und die Vaterschaft womöglich nur anerkannt hat, um tatsächlich als rechtlicher Vater und nicht nur als sozialer (Stief-)Vater zu gelten. In diesem Fall wird der sozial-familiären Beziehung sogar der Vorrang gegenüber dem Anfechtungsrecht des in Wirklichkeit rechtlichen Vaters eingeräumt. Hier drängt sich die Frage auf, warum das Recht aus Art. 6 Abs. 2 GG dann nicht auch dem Stiefelternteil zustehen kann, der die Eltern-Kind-Beziehung nicht durch Vaterschaftsanerkennung oder Adoption künstlich legitimieren möchte.

Bei der Frage, ob das Elternrecht auch dem leiblichen, aber nicht rechtlichen Vater, zusteht, sind laut Bundesverfassungsgericht auch die Interessen der einzelnen Mitglieder der sozialen Familie, insbesondere auch das der Mutter, zu berücksichtigen. Sie muss im Zweifel das Elternrecht jenseits des sozialen Familienbundes mit einem Mann als Vater ihres Kindes teilen, mit dem sie in keiner sozialen Beziehung (mehr) steht.[151]

Diese Entscheidung lässt sich auch auf die Stiefelternschaft übertragen. So muss auch hier die Mutter ihr Elternrecht im Zweifel mit dem rechtlichen, leiblichen Vater teilen, obwohl zwischen beiden kein familiärer Kontakt mehr besteht. Die Frage ist, ob man dadurch auch dem Stiefvater, der mit dem Kind durch eine sozial-familiäre Beziehung verbunden ist, zu einem Elternrecht i.S.v. Art. 6 Abs. 2 GG verhelfen könnte.

Was die unwiderrufliche Übernahme der elterlichen Verantwortung betrifft, so kann man Stiefeltern den Willen hierzu zwar nicht generell absprechen. Tatsache ist jedoch, dass es Stiefeltern jederzeit freisteht, diese einmal übernommene elterliche Verantwor-

147 BVerfG, NJW 1994, 183.

148 Maunz/Dürig/Badura, Art. 6 GG, Rn. 99; BVerfGE 79, 51, 60.

149 Und auch wenn man den Pflegeeltern bis heute kein Elternrecht aus Art. 6 Abs. 2 GG einräumt, so unterliegt die Pflegefamilie dennoch dem Schutz des Art. 6 Abs. 1 GG, BVerfG, FamRZ 2006, 1593.

150 Uhle, Abschied vom engen Familienbegriff, NVwZ 2015, 272, 275; Plettenberg, Vater, Vater, Mutter, Kind, S. 16.

151 BVerfG vom 09.04.2003 = FPR 2003, 474.

tung auch wieder abzugeben. Sie sind damit im Gegensatz zu den leiblichen bzw. rechtlichen Eltern nicht dauerhaft an die soziale Elternrolle gebunden.

Auch das Bundesverfassungsgericht stellt klar, dass es für den persönlichen Schutzbereich des Elternrechts nicht genügt, lediglich sozial die Rolle eines Elternteils auszuüben. Soziale Elternschaft bzw. eine sozial-familiäre Beziehung allein begründen danach grundsätzlich keine Elternposition i.S.d. Art. 6 Abs. 2 S. 1 GG.[152]

cc. Zusammenfassung: Vorrang der biologischen oder der sozialen Elternschaft?

Das Grundgesetz hat als Idealbild eine Kombination aus genetischer Herkunft und sozialer Verbundenheit vor Augen. So macht die Abstammung ebenso wie die sozial-familiäre Verantwortungsgemeinschaft den Gehalt von Art. 6 Abs. 2 S. 1 GG aus.[153] Der beste Fall, der vom Gesetzgeber angestrebt werden sollte, wäre natürlich, beides in Deckung zu bringen.[154]

Stimmt die Realität der Elternschaft jedoch nicht mit der Idealvorstellung überein, gibt die Grundrechtsnorm wiederum keine starre Gewichtung dafür vor, welchem der beiden Kriterien, die die Elternschaft ausmachen sollen, der Vorrang einzuräumen ist. So bestimmt die Norm auch kein Rangverhältnis zwischen der biologischen und der sozialen Elternschaft. Denn die Abstammung wie die sozial-familiäre Verantwortungsgemeinschaft machen gleichermaßen den Gehalt von Art. 6 Abs. 2 S. 1 GG aus. Beides in Deckung zu bringen, ist vom Gesetzgeber anzustreben. So hat der Gesetzgeber bei der Entscheidung, wem das Kind in einem solchen Falle zuzuordnen ist, beide Interessen zu berücksichtigen und miteinander abzuwägen. Er kann dabei nicht nur der Abstammung, sondern vielmehr auch rechtlichen und sozialen Umständen Bedeutung zumessen.[155]

In dieser Entscheidung stellt das Bundesverfassungsgericht klar, dass der Schutz des Art. 6 Abs. 2 GG rechtliche Elternschaft nicht voraussetzt.

Doch im Ergebnis darf nicht übersehen werden, dass bei einer rein sozialen Elternschaft das Elternrecht des anderen leiblichen Elternteils verbleibt und damit dem Elternrecht des Stiefelternteils gegenübersteht. Es würde zu einer „Schmälerung" des Elternrechts des leiblichen oder rechtlichen Vaters kommen. So müssen bei dieser Kollision der Elternrechte die einzelnen Rechtspositionen berücksichtigt, abgegrenzt und abgewogen werden, und es muss nicht zuletzt das Kindeswohl im Vordergrund stehen.

Eine Parallele zum bewussten Scheinvater, dem, solange er seine Vaterschaft nicht anficht, ein Elternrecht aus Art. 6 Abs. 2 GG zusteht, kann hinsichtlich der Stieffamilie nicht gezogen werden.

Jedoch könnte auch das Elternrecht vergleichbar mit der Ausdehnung des Familienbegriffs eine rechtliche Erweiterung zugunsten der Stiefeltern des Kindes erfahren. Auch

[152] BVerfG, NJW 2013, 847.

[153] BVerfG, NJW 2008, 2835.

[154] BVerfG, NJW 2003, 2151, 2152.

[155] BVerfG, NJW 2003, 2151, 2152; BVerfGE, NJW 1995, 2155.

die Voraussetzung, die das BVerfG[156] für die entsprechend dem Elternrecht erforderliche tatsächliche Übernahme von Verantwortung für das Kind fordert, nämlich die soziale und personale Verbundenheit zwischen Eltern und Kind, wäre bei der Stieffamilie durchaus möglich.[157] Eine gewisse Ausdehnung hin zu engen Bezugspersonen des Kindes ist bereits erfolgt. So stellte das Bundesverfassungsgericht in einer Entscheidung aus dem Jahr 2004 fest, dass auch ein Großelternteil unter den Schutzbereich des Art. 6 Abs. 2 GG fallen kann, wenn er die Vormundschaft für das Kind besitzt.[158]

Aufgrund des Gesagten bringen es nicht nur der gesellschaftliche Wandel hin zur Pluralisierung von Familienformen und die damit verbundenen sozial-familiären Beziehungen der einzelnen Familienmitglieder mit sich, das verfassungsrechtliche Elternrecht des Stiefelternteils zu überdenken.

Belässt man es bei dem momentan geltenden Elternrecht, so muss zumindest auf Art. 6 Abs. 1 GG und auf den Schutz der in einer Stieffamilie lebenden Personen zurückgegriffen werden, um auf die veränderten familiären Gegebenheiten zu reagieren. Daraus resultiert die Pflicht des Gesetzgebers, keines dieser Mitglieder aufgrund ihrer familiären Stellung zu benachteiligen. Denn diese sozial-familiären Verbindungen der einzelnen Familienmitglieder sind nach dem Grundgesetz nicht nur besonders schützenswert, die grundrechtlichen Wertungen müssen auch in das einfache Recht übertragen werden. Es soll die sozial-gelebten Beziehungen rechtlich absichern.

So müssen de lege ferenda auch die Stiefkinder weiter in den Fokus des Gesetzgebers rücken, und zwar auch deren erbrechtliche Absicherung im Hinblick auf ihren Stiefelternteil.

2. Rechtliche Behandlung von Realbeziehungen im Familienrecht

Im Familienrecht werden die Reaktion auf die veränderte familiäre Lebenssituation sowie die Aufwertung solch familiärer Solidarbeziehungen an einigen Stellen deutlich. Es ist wohl im Vergleich zu anderen Rechtsordnungen mehr ein Spiegel der sozialen Wirklichkeit und wird somit durch die Lebenswirklichkeit in einer gewissen Art gestaltet, als dass Reformen erst dann eingeleitet werden, wenn sich die gesellschaftlichen Verhältnisse gewandelt haben.[159]

In den letzten Jahren war im materiellen Familienrecht erfreulicherweise eine Zunahme an Rechten in Bezug auf das Stiefkind-Stiefelternverhältnis als Institution der sozialen Elternschaft zu verzeichnen. Dadurch wurde der Weg, der bereits durch das SorgeRG von 1979 eingeschlagen wurde, weiter gegangen.

---

156 BVerfG vom 09.04.2003 = FPR 2003, 474.

157 vgl. BVerfGE 56, 363, 382 = NJW 1981, 1201; BVerfGE 61, 358, 372 = NJW 1983, 101; BVerfGE 103, 89, 107 = NJW 2001, 957.

158 In dieser Konstellation vermischen sich aufgrund der Vormundschaft die genetische und die soziale Dimension des Elternrechts, BVerfG, FamRZ 2004, 771.

159 vgl. auch Frank, StAZ 2004, 30.

Und auch das KindRG von 1998[160] hatte unter anderem das Ziel, die Rechtsstellung von Stiefeltern zu verbessern.[161] Bereits 1997 kam es aufgrund der veränderten Familienstruktur zu einem Entwurf hinsichtlich einer Reform des Kindschaftsrechtsreformgesetzes, das auch das Gesetz zur erbrechtlichen Gleichstellung nichtehelicher Kinder beinhaltete. Es wurde festgehalten, dass zum Kindeswohl auch der Umgang mit den für die Entwicklung des Kindes bedeutsamen Bezugspersonen gehört.[162]

Im Familienrecht erfährt damit nun zumindest die „echte"[163] Stiefeltern-Stiefkind-Beziehung an einigen Stellen rechtlichen Schutz.[164]

So ermöglicht § 1618 BGB die Einbenennung des ehelichen Stiefkindes durch die Übertragung des neuen Ehenamens auf das Kind. Dadurch wird die Einbeziehung des Kindes in die neue Familie gestärkt und der zum Teil umständliche Weg über das öffentliche Namensrechtsänderungsgesetz vermieden. Einzige Voraussetzung hierfür ist die Aufnahme des Kindes in den gemeinsamen Haushalt des neuen Ehepartners. An diesem Beispiel wird der nachholende rechtliche Wandel in der Form der Überlagerung deutlich. Auf die alte Fassung des § 1618 BGB wurden aufgrund der Pluralisierung der Lebensformen in Deutschland und der Zunahme der Stieffamilien neue Regelungselemente „draufgesattelt".

Auch der durch Art. 1 Nr. 23 KindRG geschaffene § 1682 BGB berücksichtigt die Stiefeltern-Stiefkindbeziehung. Das Stiefkind, das mit dem allein – oder mitsorgeberechtigten Elternteil und dessen Ehegatten (oder mit einer anderen ihm nahestehenden Person) in einer häuslichen Gemeinschaft lebt, soll gegen ein missbräuchliches Herausgabeverlangen des bis dahin nicht mit dem Kind zusammenlebenden Elternteils, der wegen „Ausfalls" des bisher betreuungsberechtigten Elternteils (z. B. Tod) den Aufenthaltsort des Kindes nun allein bestimmen darf, geschützt werden.[165] Aus diesem Grund regelt § 1682 BGB, dass das Familiengericht das Verbleiben des Stiefkindes beim Stiefelternteil anordnen kann, wenn das Kindeswohl durch die Wegnahme gefährdet wäre. Auch durch die Aufnahme des § 1682 in das BGB hat der Gesetzgeber nachträglich auf die veränderte familiäre Gesellschaft reagiert. Es kommt zu einem Schutz des Zusammenlebens in einer tatsächlich bestehenden sozialen Familie.

In diesem Zusammenhang ist auch § 1688 Abs. 4 BGB nicht außer Acht zu lassen. Der Stiefelternteil kann nun über alle wichtigen Angelegenheiten im täglichen Leben des Kindes entscheiden, § 1688 Abs. 1 BGB.

Die mit Sicherheit größte Bedeutung in Sachen Ausweitung der Rechte von Stiefeltern kommt wohl § 1687b BGB zu. Die Übertragung der elterlichen Sorge auf den Stiefeltern-

---

160 In Kraft getreten am 01.07.1998

161 BT-Drucksache 13/4899, S. 66.

162 BT-Drs. 13/4899, 1, wozu auch die Stiefeltern zählen sollten.

163 Gemeint ist die Beziehung, in der der leibliche Elternteil des Kindes mit dem Stiefelternteil verheiratet ist. Insofern unterscheidet das Gesetz zwischen „echten", also ehelichen, und „faktischen" nichtehelichen Stiefkindern.

164 BVerfG vom 10.12.2004, FamRZ 2005, 595, 596.

165 BT-Drucksache 13/4899, 104.

teil wurde vom Gesetzgeber 1998 mit dem KindRG noch abgelehnt. Als Begründung wurde vorgebracht, der Stiefelternteil könne auch ohne eine gesetzliche Regelung auf der Grundlage einer Vollmacht handeln.[166] Die Vorschrift wurde erst durch Art. 2 Nr. 13 LPartG[167] in das BGB aufgenommen, nachdem durch § 9 LPartG dem Lebenspartner des leiblichen Elternteils eine Beteiligung an der elterlichen Sorge eingeräumt wurde. Dadurch wurde einer schon früher erhobenen Forderung[168] nach mehr Anerkennung der faktischen Elternschaft durch eine gesetzliche Regelung der personensorgerechtlichen Beziehung zwischen Stiefkind und Stiefelternteil, wenigstens partiell, entsprochen.[169]

§ 1687b BGB räumt dem Stiefelternteil die Befugnis zur Mitentscheidung in Angelegenheiten des täglichen Lebens des Kindes ein. Das bedeutet nach der Legaldefinition des § 1687 Abs. 1 S. 3 BGB, dass der Stiefelternteil Entscheidungen, die häufig vorkommen und keine schwer abzuändernden Auswirkungen auf die Entwicklung des Kindes haben, treffen darf. Bei Gefahr im Verzug gesteht das Gesetz dem Stiefelternteil sogar ein Notvertretungsrecht zu, das ihm die Vornahme aller Handlungen gestattet, die zum Wohle des Kindes erforderlich sind.

Zwar verwendet das Gesetz auch hier nicht den Begriff Stiefelternteil, meint aber mit dem Ehegatten des allein sorgeberechtigten Elternteils, der nicht Elternteil des Kindes ist, nichts anderes. Der Gesetzgeber ermöglicht dem Stiefelternteil durch das „kleine Sorgerecht“ nun, mit Einvernehmen des sorgeberechtigten Elternteils, tatsächlich erzieherische Verantwortung zu übernehmen. In diesem Zusammenhang darf jedoch nicht außer Acht gelassen werden, dass es in der Realität meist auch schon vor Einführung der Regelung so war, dass der Stiefelternteil Aufgaben der Pflege und Erziehung wahrgenommen hat.[170] Der Gesetzgeber hat jedoch mit § 1687b BGB eine rechtliche Anerkennung und Absicherung der Stiefeltern-Stiefkind-Beziehung geschaffen.

§ 1687b BGB ermöglicht eine Teilhabe an der elterlichen Sorge jedoch nur dem Stiefelternteil, der mit dem leiblichen Elternteil verheiratet ist. Somit profitieren nur formalisierte Stieffamilien von dieser Regelung und der damit einhergehenden Ausweitung und Anerkennung der Rechte von solidarisch-familiären Realbeziehungen.

Was die nichteheliche Stieffamilie angeht, sind deren Rechte im Familienrecht äußerst eingeschränkt. § 1685 Abs. 2 BGB legt hinsichtlich des Umgangs des Stiefelternteils mit seinem Stiefkind fest, dass ein Recht hierauf besteht, wenn für das Kind tatsächliche Verantwortung übernommen wird oder in der Vergangenheit übernommen wurde. Hier greift das Gesetz, wie bereits in § 1600 Abs. 2 BGB, auf das Institut der sozial-familiären Beziehung zurück. Dadurch honoriert der Gesetzgeber die faktische Eltern-Kind-Beziehung, die als soziale Familienbeziehung nicht gänzlich beseitigt werden soll und darf.

166 BT-Drucksache 13/4899, S. 66 f., 154, 169.

167 In Kraft getreten am 01.08.2001, BGBl. 2001 I, 266, Nr. 9.

168 Schwenzer, Empfiehlt es sich, das Kindschaftsrecht neu zu regeln?, A 80; Coester, JZ 1992, 809, 816; Conradi, FamRZ 1980, 107; Dethloff, NJW 1992, 2200, 2202; von der Weiden, FuR 1991, 249, 254; von Puttkamer, Stieffamilien und Sorgerecht in Deutschland und England, S. 106 ff.

169 Staudinger/Salgo, § 1687b, Rn. 1.

170 BT-Drucksache 14/3751, 39, 45.

Der Begriff wird in diesem Zusammenhang als abstraktes Definitionsmerkmal im Sinn der Übernahme (elterngleicher) Verantwortung verwendet und betrifft insofern nicht nur die Beziehung zum Umgang begehrenden leiblichen Vater bzw. anders als in § 1600 Abs. 2 BGB nicht nur die Beziehung zum rechtlichen Vater.[171] Vielmehr werden auch andere enge Bezugspersonen, wie eben auch Stief - oder Pflegeeltern, erfasst.[172]

Zuletzt sei noch § 1590 BGB erwähnt. Die Schwägerschaft, die zwischen Stiefelternteil und Stiefkind besteht, führt dazu, dass den Personen zum Beispiel ein Zeugnisverweigerungsrecht gem. § 53 Abs. 1 Nr. 3 StPO, § 283 Abs. 1 Nr. 3 ZPO zusteht.[173]

3. Niederschlag im Öffentlichen Recht, insbesondere im Steuer - und Sozialrecht

Anders als das Zivilrecht kennt das Öffentliche Recht die Begriffe „Stiefkind" und „Stiefeltern" und hält für diese Personengruppen gesetzliche Regelungen bereit.[174] Insbesondere das Sozialversicherungsrecht, das Steuerrecht und das Sozialhilferecht verstehen die Familie nicht mehr als eine Einheit, die nur durch Ehe und Blutsverwandtschaft verbunden sein kann. Vielmehr sehen sie in ihr eine soziale Institution, die dem gesellschaftlichen Wandel unterworfen ist und deren Schutz auch Kinder bedürfen, die in einer blutsfremden Familie Fuß gefasst haben.[175]

Im Steuer - und Sozialrecht sind eheliche Stiefkinder den leiblichen Kindern fast überall gleichgestellt. Dazu wird allerdings grundsätzlich verlangt, dass der Stiefelternteil die Kinder in seinen Haushalt aufgenommen hat.[176] Dieses Erbschaftssteuerprivileg bleibt auch bestehen, wenn sich der leibliche Elternteil und der Stiefelternteil später wieder scheiden lassen oder ihre Lebenspartnerschaft aufgehoben wird.[177]

Was das Recht auf Waisenrente angeht, erhält das eheliche Stiefkind denselben rechtlichen Status und damit denselben Anspruch wie ein leibliches Kind des Verstorbenen, auch hier wieder nur unter der Bedingung, dass der Verstorbene das Stiefkind in seinen Haushalt aufgenommen hatte.[178] Unter dieser Voraussetzung besteht auch im Rahmen der gesetzlichen Krankenversicherung die Möglichkeit, das eheliche Stiefkind des Versicherten kostenlos mitzuversichern.[179]

---

171 Staudinger/Rauscher, § 1685, Rn. 9.

172 BGBl. 2004 I S. 598, BT-Drucksache 15/2253.

173 Weitere Beispiele: Vorrangige Bestellung zum Vormund (§ 1779 Abs. 2 BGB), Angehörigenprivileg im Strafrecht (§ 11 Nr. 1 StPO).

174 vgl. z.B. § 15 Abs. 1 ErbStG, § 32 Abs. 6 Satz 7 EStG, § 56 Abs. 2 Nr. 1, Abs. 3 Nr. 2 SGB I, §§ 46 Abs. 2 Satz 2 Nr. 1, 48 Abs. 3 Nr. 1 SGB VI, § 67 Abs. 2 Nr. 1 SGB VII.

175 Frank, StAZ 2004, 330, 332.

176 So kann auch die Ehegattin oder Lebenspartnerin der leiblichen Mutter Basiselterngeld beantragen, wenn sie ihr Stiefkind betreut und dieses mit in ihren Haushalt aufgenommen hat, § 1 Abs. 1 Nr. 2 i.V.m. Abs. 3 Nr. 2 BEEG.

177 §§ 1590 Abs. 2 BGB, § 11 Abs. 2 S. 3 LPartG.

178 Feil, RdJB 71, 257, 263.

179 Muscheler, StAZ 2006, 195

Die Steuerklasse bestimmt sich nach dem Verwandtschafts – bzw. Schwägerschaftsverhältnis des Erwerbers zum Erblasser bzw. Zuwendenden.

Stiefkinder fallen ebenso wie Abkömmlinge des Erblassers unter die günstige Steuerklasse I, § 15 Abs. ErbStG. Begünstigt werden in diesem Zusammenhang jedoch nur eheliche Stiefkinder. *Stiefkinder* i.S.d. Steuerklassenregelung sind demnach nur die Kinder des anderen Ehepartners, allerdings ohne Rücksicht darauf, ob es sich um in der Ehe oder außerhalb der Ehe geborene Kinder handelt.

Dies deshalb, weil die Stiefkinder i.S.d ErbStG wegen der zugrunde liegenden Schwägerschaft (§ 1590 BGB) begünstigt sind. Die Schwägerschaft setzt kein nahes häusliches Zusammenleben voraus. Sie gilt unabhängig vom Alter der Beteiligten. Wird die Ehe erst in hohem Alter geschlossen, so rechnen zu den Stiefkindern auch die bereits erwachsenen Kinder des anderen Partners, die bereits eine eigene Familie haben und seit langem verselbstständigt sind. Da die Schwägerschaft nach § 1590 Abs. 2 BGB zivilrechtlich gesehen auch dann fortdauert, wenn die Ehe, auf der sie beruht, aufgelöst worden ist, bleibt dem Stiefkind auch mit der Ehescheidung der Mutter oder des Vaters die Position als Stiefkind gegenüber dem früheren Partner der Mutter oder des Vaters erhalten. Bei Stiefkindern endet ein bestehendes Stiefverhältnis deshalb auch nicht durch die Scheidung der Eltern; anschließend kann aber keine Stiefkindschaft bzw. Schwägerschaft mehr zu einem Kind aus einer dritten Ehe des früheren Ehepartners mehr begründet werden[180] (str., vgl. *MünchKomm/Seidel* § 1590 Rdnr. 5).

Der Gesetzgeber des Erbschaftssteuergesetzes war hier schneller und vorausschauender: Das Stiefkind gehört ebenso wie das leibliche Kind zu den Kindern gemäß Steuerklasse I und hat denselben hohen Freibetrag wie dieses, §§ 15, 16 ErbStG. Was dem Erbschaftssteuergesetzgeber gelingt, sollte dem Gesetzgeber des BGB auch möglich sein.

4. Stellungnahme

Die Reformen im Familienrecht in Bezug auf die eheliche und die nichteheliche Stieffamilie sind erste Schritte, auf die veränderte Situation von Familien zu reagieren und der Lebenswirklichkeit Rechnung zu tragen. Die neugeschaffenen bzw. angepassten Normen zeigen, inwieweit den Veränderungen der familiären Lebenskonzepte Bedeutung im Zusammenhang mit dem rechtlichen Wandel zukommt. Insofern bestätigt sich hier die Annahme, dass zwischen der Pluralisierung der Lebensformen im Bereich der Familie und den Reformen im Familienrecht durchaus ein Zusammenhang zu erkennen ist. Das Recht hat in diesem Bereich bereits nachholend auf die Veränderungen innerhalb der Gesellschaft, insbesondere im Bereich der Familie, reagiert.

Doch es ist nicht alles Gold, was glänzt. So weisen die verschiedenen Formen des rechtlichen Wandels, gerade im Familienrecht, auch deutliche Schwächen auf, die nachfolgend kurz dargestellt und bewertet werden sollen.

Was die Neufassung von § 1618 BGB betrifft, ist das Kind an den durch die Einbenennung erworbenen Namen ausnahmslos gebunden, und zwar auch dann, wenn die

180 str., vgl. *MüKo/Seidel* § 1590 Rdnr. 5.

Stiefehe scheitert. Zwar kann die Namenskontinuität des Kindes als ein hoch zu veranschlagendes Ziel betrachtet werden, was jedoch die Unmöglichkeit der Aufhebung der Namensänderung für den Fall des Scheiterns der Stiefehe nicht rechtfertigt. Zumindest dann, wenn das Kind die Volljährigkeit erreicht hat, sollte es selbst darüber entscheiden dürfen, welchen Namen es tragen möchte.[181]

Die Verbleibensanordnung des § 1682 BGB gilt nur für den ehelichen Stiefelternteil. Der nichteheliche Lebenspartner wird von dieser Regelung nicht erfasst. Insofern hält das Gesetz an der Tradition der durch Ehe verbundenen Familie fest. Sieht man jedoch die familiäre Beziehung zwischen Stiefkind und Stiefelternteil als im Vordergrund für diese Regelung stehend, so ist die Beschränkung auf den ehelichen Stiefelternteil meines Erachtens nur schwer nachvollziehbar.[182] Denn die solidarische Verbindung zwischen Stiefelternteil und Stiefkind hängt wohl nicht von der Ehe der Eltern ab. Zwar erleichtert das Kriterium der Ehe als klarer und eindeutiger Anknüpfungspunkt für die gesetzliche Umschreibung des in Frage kommenden Personenkreises die Arbeit der Rechtsprechung. Allerdings bleibt fraglich, ob die Ehe der Eltern für den vom Kindschaftsrechtsreformgesetz getragenen Grundsatz erheblich ist, dass der Umgang des Kindes mit anderen Personen als den Eltern, zu denen es Bindungen besitzt, zum Wohle des Kindes gehört.[183]

Dem nichtehelichen Lebenspartner steht jedoch die Möglichkeit offen, als Umgangsberechtigter gem. § 1685 Abs. 2 BGB direkt nach § 1632 Abs. 4 BGB vorzugehen und eine gerichtliche Verbleibensanordnung für sich zu erreichen, wenn er das Kind bisher allein betreut hat.

Auch das kleine Sorgerecht, § 1687b BGB, das wohl die am weitreichendste Bedeutung im Zusammenhang mit der gesetzlichen Anerkennung der Stiefkind-Stiefelternteil-Beziehung im Familienrecht erlangt hat, knüpft an die Ehe zwischen dem rechtlichen und dem Stiefelternteil an und findet somit auf den nichtehelichen Lebenspartner keine Anwendung. Diese Benachteiligung des nichtehelichen Lebenspartners kann indes nicht überzeugen.[184]

Das kleine Sorgerecht wurde eingeführt, um die Übernahme der Verantwortung des Stiefelternteils für sein Stiefkind zu verrechtlichen. Aus diesem Grund sollte Voraussetzung hierfür auch die tatsächliche Übernahme der Verantwortung im Rahmen von Pflege und Erziehung sein. Die Ehe zwischen den beiden Partnern kann hierbei nur behilflich sein bzw. eine widerlegliche Vermutung aufstellen.[185] Dem Gesetzgeber sollte es in diesem Zusammenhang wie auch bei § 1600 Abs. 2 BGB auf das Bestehen einer sozial-familiären Beziehung ankommen.

---

181 so auch MüKo/v.Sachsen Gessaphe, § 1618, Rn. 38.

182 so auch Löhnig, FPR 2008, 157, 159.

183 so auch Salgo, FPR 2004, 76, 77.

184 kritisch dazu auch Löhnig, FPR 2008, 157, 159; Veit, FPR 2004, 67, 70; wobei AnwK-BGB/ Peschel-Gutzeit § 1687b Rn 2 zu Recht auf die Schwierigkeit bei der Feststellung solcher Lebensgemeinschaften hinweist.

185 so auch Löhnig, Das Kind zwischen Herkunftsfamilie und neuer Familie eines Elternteils, S. 159.

Zum Teil wird die Regelung auch im Hinblick auf ihren Umfang und die genauen Befugnisse heftig kritisiert,[186] ob zu Recht oder Unrecht bedarf wohl einer selbstständigen Untersuchung und soll an dieser Stelle nicht weiter vertieft werden.

Die Relevanz der veränderten gesellschaftlichen Lebenssituation von Familien wird im Familienrecht zwar an einigen Stellen, aber im Ergebnis noch nicht ausreichend genug berücksichtigt.[187] So kann man in diesem Bereich zumindest von einer Aufwertung der Realbeziehungen sprechen, auch wenn sich die Euphorie angesichts der aufgezeigten Schwächen wohl eher in Grenzen halten sollte.

Soll nun auch das Erbrecht auf diesen gesellschaftlichen Wandel reagieren und wenn ja, wie?

Oder kann die Rechtsprechung anhand der de lege lata geltenden erbrechtlichen Normen bereits heute auf diese veränderten gesellschaftlichen Bedingungen reagieren?

Was die Änderungen der gesetzlichen Normen angeht, wäre es eine Möglichkeit, den gesetzlichen Erbteil der Abkömmlinge zu reduzieren oder gar ganz abzuschaffen, insbesondere dann, wenn die Bedürftigkeit und somit gesetzliche Unterhaltsansprüche entfallen sind.[188] Allerdings ist diesem doch sehr extremen Vorschlag entgegenzuhalten, dass die Kinder, wenn sie das Erbe ihrer Eltern antreten, zwar meist schon selbst für ihre Grundversorgung aufkommen können, was jedoch nichts an der Tatsache ändert, dass das Erbe auch dazu dienen kann, den Unterhalt und die Ausbildung der Kinder der Erben zu sichern bzw. Ersparnisse zu bilden. Der Funktion des gesetzlichen Erbrechts, die Familie zu versorgen und ihr Überleben zu sichern, kommt in der heutigen Zeit mit Sicherheit keine so große Bedeutung mehr zu wie noch vor 100 Jahren.[189] Dennoch behält sie ihre Berechtigung, vor allem auch deshalb, weil die Eltern als Erblasser meist die Basis für die selbstständige Versorgung der Kinder legen, durch Erziehung und finanzielle Förderung gerade im Hinblick auf die Ausbildung.[190]

Zudem garantiert Art. 14 Abs. 1 S. 1 i.V.m. Art. 6 Abs. 1 GG den Kindern des Erblassers eine wirtschaftliche Mindestteilhabe an dessen Nachlass, und zwar bedarfsunabhängig,[191] weshalb es doch sehr zweifelhaft erscheint, es als zulässig zu erachten, Personen, die von der Rechtsordnung als Kinder des Erblassers anerkannt werden, ihr gesetzliches Erbrecht (und damit auch ein Pflichtteilsrecht) zu entziehen.[192]

Angesichts der gewandelten familiären Verhältnisse drängt sich meines Erachtens vielmehr als die Abschaffung oder Reduzierung des gesetzlichen Erbteils der Abkömm-

186 Veit, FPR 2004, 67, 73; Staudinger/Salgo, § 1687b, Rn. 8; MüKo/Hennemann, § 1687b, Rn. 3.

187 so auch Löhnig, aaO, S. 171.

188 Leipold, AcP 180 (1980), 160, 175.

189 Coing spricht sich sogar dafür aus, dass der Gedanke der Familie als Versorgungsgemeinschaft bereits bei Schaffung des BGB überholt war und demzufolge nicht als Grundlage für das gesetzliche Erbrecht herangezogen werden darf, Coing, Verhandlungen des 49. DJT, A 19.

190 Leipold, AcP 180 (1980), 160, 189; MüKo/Leipold, Einl. §§ 1922, Rn. 13.

191 BVerfG NJW 2005, 1561, 1562.

192 so dann auch Leipold/MüKo, Einl. Buch 5, Rn. 37.

linge der Gedanke auf, den Kreis der erbberechtigten Personen behutsam auf Stiefkinder zu erweitern.

Infrage käme hier eine rechtsähnliche Anwendung statusrechtlicher Regelungen bzw. die Übertragung und Entfaltung familienrechtlicher Grundsätze. Auch eine gesetzliche Gleichstellung faktischer familiärer Beziehungen mit Statusverhältnissen könnte erwogen werden.

Inwieweit diese Vorschläge umsetzbar und ob sie geeignet sind, um eine erbrechtliche Besserstellung der einzelnen Mitglieder der Stieffamilie zu erreichen, soll im folgenden Kapitel näher betrachtet und erörtert werden.

VI. Kapitel: Zusammenhang zwischen Familie und Erbrecht – erbrechtliche Solidarität

Familie und Erbrecht hängen untrennbar miteinander zusammen. Das Familienerbrecht spiegelt das Vorhandensein von Nähebeziehungen wider. Es zeichnet sich dadurch aus, dass das Vermögen eben gerade aufgrund des Bestehens von Solidaritätsbeziehungen unter den einzelnen Familienmitgliedern verteilt wird.

Familiäre Nähebeziehungen unterscheiden sich gar nicht so sehr von anderen gesellschaftlichen Beziehungen. All diesen solidarisch ausgestalteten Beziehungen ist gemein, dass deren Mitglieder grundsätzlich durch wechselseitige Beiträge füreinander einstehen. So ist es in der kleinsten Solidaritätsgruppe, der Familie, aber auch in anderen gesellschaftlichen Beziehungen, die der Mensch in seinem Leben eingeht.

Doch wer zählt zu diesen „Familienmitgliedern"? Ist es gerecht, Stiefkinder oder den nichtehelichen Lebenspartner bei dieser Betrachtung außen vor zu lassen? Kommt es nicht bei familiären Nähebeziehungen gerade auf die innere Verbundenheit an?

Diese innere Verbundenheit zählt de lege lata nicht. Einzig die statusrechtliche Verbindung der einzelnen Familienmitglieder legt fest, wer erbt oder eben nicht.

Entscheidend ist also die Frage, welcher Zusammenhang zwischen der Familie und dem gesetzlichen Erbrecht überhaupt besteht. Zu klären ist also, welche Funktionen das gesetzliche Erbrecht der Abkömmlinge überhaupt erfüllen soll bzw. worauf es sich gründet. Geht es um erbrechtliche Solidarität? Und wenn ja, sollen dann die zwischenmenschlichen Nähebeziehungen der einzelnen Familienmitglieder im Vordergrund stehen? Oder gebührt der gerechten Verteilung des Nachlasses der Vorzug?

Falls die gesellschaftlichen Veränderungen so intensiv ausgestaltet sind, dass die inneren Grundlagen, die einst zur Entwicklung der gesetzlichen Erbfolge geführt haben, nicht mehr auf diese veränderte Lebenssituation im Bereich der Familie reagieren können, muss das Erbrecht de lege ferenda angepasst werden.

1. Das gesetzliche Erbrecht der Abkömmlinge

Hat der Erblasser seinen Nachlass nicht im Wege einer Verfügung von Todes wegen auf von ihm ausgewählte Erben verteilt, so greift die gesetzliche Erbfolge ein, die grundsätzlich subsidiär zur gewillkürten Erbfolge ist.

Es gibt allerdings auch Fälle, in denen der Anwendungsbereich der gesetzlichen und der gewillkürten Erbfolge gleichzeitig eröffnet ist. Dies resultiert daraus, dass es dem Erblasser grundsätzlich freisteht, einen Erben nur für einen Teil seines Vermögens einzusetzen. Macht er davon Gebrauch, so ist der andere Teil des Nachlasses nach den Regeln der gesetzlichen Erbfolge auf die Erben zu verteilen.

Das Gesetz folgt bei der Auswahl der gesetzlichen Erben aus dem Kreis der Verwandten des Erblassers dem System der Ordnungen *(Parentelen)*. § 1924 BGB bestimmt allein die Abkömmlinge des Erblassers zu Erben erster Ordnung. Dadurch, dass die Erben nach Ordnungen, nicht nach der Nähe ihrer Verwandtschaft *(Gradualsystem)* ausgewählt werden, gibt das BGB der jüngeren Generation den Vorzug vor der älteren. Damit hat sich der Gesetzgeber dafür entschieden, den Nachlass primär zur Zukunftssicherung der Nachkommen zu verwerten. Zudem wird so dem materiellen Sicherungsbedürfnis der nachfolgenden Generation Genüge getan.

Der Begriff der Abkömmlinge ist im Gesetz nicht näher erläutert. Erfasst sind all diejenigen Personen, die in absteigender Linie vom Erblasser abstammen, wobei es hier lediglich auf die Abstammung im rechtlichen Sinne ankommt, die nicht mit der biologischen Abstammung übereinstimmen muss.

Das deutsche Erbrecht ist somit de lege lata in der Familie begründet.

2. Funktion des gesetzlichen Erbrechts der Abkömmlinge

Doch welche Funktion übt das Erbrecht der Abkömmlinge eigentlich aus?

Manche nennen es die „ewige Funktion des Erbrechts"[193], nämlich den Übergang des wirtschaftlichen Vermögens auf andere Generationen. Diese Funktion ist dem Erbrecht trotz des gesellschaftlichen Wandels immanent geblieben. In diesem Zusammenhang könnte man durchaus sogar von einem Funktionsgewinn sprechen, denn in unserer Zeit gibt es enorm viel Vermögen, was bereitsteht und darauf wartet, an die nächste Generation vererbt zu werden.[194]

Doch was ist mit der sozialen Funktion des Erbrechts im Hinblick auf das gesetzliche Erbrecht der Abkömmlinge? Hat das Erbrecht hier aufgrund des gesellschaftlichen Wandels seine Funktion verloren oder zumindest teilweise eingebüßt?

Das gesetzliche Erbrecht der Abkömmlinge, die Weitergabe eines Vermögens zwischen Eltern und Kindern gründet sich in ganz entscheidender Weise auf die zwischen ihnen bestehenden Nähebeziehungen, die insbesondere durch wechselseitige Beiträge in materieller, aber auch immaterieller Weise gekennzeichnet sind. Daran kann der Gesetzgeber anknüpfen und die gesetzlichen Erben definieren.

Die Aufgabe des Gesetzgebers erschöpft sich jedoch nicht allein in der Definition der einzelnen Erben. Er muss diese Nähebeziehungen auch gewichten.

Seine soziale Funktion erhält das Erbrecht also unter anderem dadurch, dass die Auswahl der Erben bzw. deren Reihenfolge vom Gesetz im Parentelsystem nach sozialen Gesichtspunkten bestimmt wird. Die familiäre Solidarität steht also scheinbar im Vordergrund.[195]

193 Für die Jahre 2015 bis 2020 wird ein Gesamtvolumen an Erbschaften in Deutschland von 2,6 Billionen Euro prognostiziert, Deutsches Institut für Altersvorsorge (DIA-Studie): Erben in Deutschland, Köln 2011; Schröder, Der Funktionsverlust des bürgerlichen Erbrechts, S. 281.

194 Reimann, Familienerbrecht und Testierfreiheit, S. 34.

195 s.a. Dutta, Warum Erbrecht?, S. 389.

Scheinbar nur deshalb, weil es in der Realität nicht darauf ankommt, ob zwischen den einzelnen Familienmitgliedern eine solche Nähebeziehung tatsächlich bestanden hat. So erbt auch das Kind, das zu seinem Elternteil in keiner sozial-familiären Beziehung steht.

Insofern hat diese erbrechtliche Solidarität nicht nur die familiären solidarischen Beziehungen der einzelnen Familienmitglieder vor Augen, es geht vielmehr wohl auch um einen gerechten Interessenausgleich. Die überlebenden Kinder sollen am Nachlass ihrer Eltern partizipieren. Und dies schon deshalb, weil zwischen ihnen Verwandtschaft besteht oder sie als Kind anerkannt wurden.

Daraus ergibt sich die neben der Weitergabe des Vermögens an die Familie wohl wichtigste Funktion des gesetzlichen Erbrechts der Abkömmlinge, nämlich die Versorgung der Hinterbliebenen. Diese Versorgung soll zu gleichen Teilen erfolgen, woraus eine gewisse Teilhabegerechtigkeit resultiert.[196] Zu Lebzeiten des Erblassers waren seine Abkömmlinge durch ihn finanziell abgesichert. An die Stelle dieser lebzeitigen Förderung und Hilfe soll nach dem Tod ein Anteil an seinem Vermögen treten. Eigentum und Erbrecht galten im 19. Jahrhundert als Basis der Versorgung der Familie.[197]

Seit der Schaffung des Arbeits – und Sozialrechts liegt die Versorgung der Hinterbliebenen jedoch nicht mehr allein auf den Schultern des Erblassers. Vielmehr spielen die vielschichtigen sozialen Sicherungen wie Kranken – und Rentenversicherungen sowie private Lebensversicherungen hierbei eine tragende Rolle.[198] Eine eventuell auftretende Bedürftigkeit aufgrund von Arbeitsunfähigkeit durch Krankheit und Alter wird durch die sozialen staatlichen Leistungen abgedeckt.

Das gesetzliche Erbrecht der Abkömmlinge hat also zumindest im Bereich der Versorgung der Familie im Ergebnis teilweise seine Funktion verloren.

Zudem bleibt festzuhalten, dass, wie oben bereits gezeigt, gerade auch der demographische Wandel dazu geführt hat, dass Kinder ihre Eltern immer später beerben und sich dann meist bereits ihre eigene Existenz aufgebaut haben. Es liegt also der Schluss nahe, dass die Versorgungsfunktion des gesetzlichen Erbrechts auch aufgrund der zunehmenden Lebenserwartung der Bevölkerung immer mehr in den Hintergrund tritt.

Nichtsdestotrotz ergibt sich aus einer tatsächlichen geringeren Versorgungsrelevanz nicht automatisch auch ein gänzlich fehlendes Versorgungsbedürfnis.[199]

Denn der Verbleib des Vermögens in der Familie spielt daneben freilich ebenso eine wichtige Rolle. Der ideelle und wirtschaftliche Zusammenhang zwischen Vermögen und Familie soll auch nach dem Tod des Vermögensinhabers bestehen bleiben.[200]

Von einem Familieneigentum in dem Sinne, dass das Eigentum ein von Generationen erworbenes und erhaltenes Vermögen darstellt, wie es im 19. Jahrhundert der Fall

196 Staudinger/Otte, Einl. zu §§ 1922 ff, Rn. 48; Reimann, Familienerbrecht und Testierfreiheit, S. 36.

197 Schröder, Der Funktionsverlust, S.282.

198 Strätz, FamRZ 1998, 1553, 1556; Lövenich, Zur Neugestaltung des gesetzlichen Erbrechts, S. 112; Knoche, Die Partner einer nichtehelichen Lebensgemeinschaft, S. 93.

199 Dutta, Warum Erbrecht?, S. 403.

200 Staudinger/Otte, Einl. zu §§ 1922 ff. Rn 48, 60.

war, kann freilich heutzutage nicht mehr ausgegangen werden.[201] Es ist jedoch auch heute noch so, dass überwiegend die Familie vom Familienvermögen profitiert und die Vermögenswerte den einzelnen Familienmitgliedern zu Gute kommen, wobei unter „Familie" angesichts der Pluralisierung der Lebensformen bei Weitem nicht mehr nur die Kernfamilie zu verstehen ist. Sieht man daneben noch der Tatsache ins Auge, dass die Höhe der gesetzlichen Renten sowie die Grundsicherung im Alter kontinuierlich sinkt, werden zahlreiche Gesellschaftsmitglieder im Alter auf eine finanzielle familiäre Unterstützung, die durch private Erbschaften gesichert werden kann, angewiesen sein.[202]

Auch wenn das Erbrecht im Hinblick auf die Versorgung der Abkömmlinge des Erblassers also in gewisser Weise seine Funktion zumindest teilweise verloren hat, so wird die Versorgung der Hinterbliebenen doch niemals überflüssig.

Zudem bleibt daneben die mindestens genauso wichtige Funktion der Teilhabegerechtigkeit jedes einzelnen Kindes bestehen. Diese soziale Funktion führt dazu, dass eine gewisse „Kontinuität familiärer Lebensbedingungen"[203] erreicht werden soll.

3. Begründung der gesetzlichen Erbfolge der Abkömmlinge und Veränderung der Grundlagen

Über die Frage, ob der Grund für die gesetzliche Erbfolge der Abkömmlinge tatsächlich in der rein rechtlichen Beziehung kraft Verwandtschaft zu sehen ist oder ob durch sie dem mutmaßlichen Erblasserwillen entsprochen werden soll, besteht in der Literatur bis heute keine vollständige Einigkeit.

Die eine Ansicht sieht den Grund des gesetzlichen Erbrechts sowohl der Abkömmlinge als auch des Ehegatten allein darin, dem mutmaßlichen Willen des Erblassers zur Geltung zu verhelfen.[204] Als Begründung wird unter anderem angeführt, dass dies in einer Rechtsordnung, in der die Privatautonomie vorherrschend sei, nur strukturkonsequent sei. Schließlich habe jeder Einzelne die Möglichkeit, hinsichtlich der vermögensrechtlichen Folgen nach seinem Tod, frei nach seinem eigenen Willen zu verfügen. Aus diesem Grund könne die gesetzliche Erbfolge nicht in der Art und Weise gestaltet sein, dass sie im Widerspruch zu dem angenommenen Willen des Erblassers stehe.[205]

Ob der Wille des Erblassers jedoch eindeutig darauf abzielt, seine Abkömmlinge nach seinem Tod versorgt zu wissen, ist nicht eindeutig geklärt, wird aber angesichts des Familiengedankens nicht in Frage gestellt, sondern vermutet.

201 MüKo/Leipold, Einl. Erbrecht, Rn. 12.

202 Auch wenn Personen, die einer umfassenden gesetzlichen Rentenversicherung oder Grundsicherung im Alter bedürfen in den meisten Fällen nicht zu den Empfängern erheblicher Erbschaften gehören, vgl. Dutta, Warum Erbrecht?, S. 403.

203 Kirchhof, ZRP 2003, 73.

204 Staudiner/Werner, Vorbem. zu §§ 1924-1936, Rn. 1 sowie § 1932, Rn. 53; Lange/Kuchinke, Erbrecht, § 10 I 1; Firsching, JZ 1972, 449, 454; Götz, FamRZ 1995, 987, 989; Stöcker, FamRZ 1971, 609, 610; Muscheler, ErbR 2006, 42.

205 Lindacher, FamRZ 1974, 345.

Anders stellt sich die Situation im Hinblick auf den Ehepartner dar. Blickt man einige Jahrzehnte zurück und bezieht die EMNID-Umfragen von 1971 und 1972 mit ein, so waren in Deutschland damals in etwa 50 % der Befragten dafür, dem Ehegatten ein Alleinerbrecht einzuräumen.[206] Die Absicherung des überlebenden Partners stand damals klar im Vordergrund. Daraus lässt sich die Schlussfolgerung ableiten, dass der mutmaßliche Erblasserwille zum damaligen Zeitpunkt ganz entscheidend auf die Existenzsicherung des überlebenden Ehegatten gerichtet war.

Die andere Ansicht vertritt wie Leipold[207] die Meinung, dass die rechtliche Beziehung zwischen Erblasser und Erben die Begründung für die gesetzliche Erbfolge darstellt. Daraus leitet sich seiner Meinung nach auch die im Erbrecht eine tragende Rolle spielende Solidarität ab. Damit wird dem altdeutschrechtlichen Grundsatz „Das Gut geht wie das Blut" äußerlich Rechnung getragen.[208] Familie und Erbrecht seien wesensverbunden, nicht der mutmaßliche Erblasserwille stehe im Vordergrund, sondern die natürliche sittliche Einheit zwischen Vermögen und Familiengemeinschaft.[209]

Doch inwieweit spielt neben der rein rechtlichen Verbindung aufgrund der Verwandtschaft und Abstammung auch die Solidarität zwischen den einzelnen Familienmitgliedern eine Rolle?

Wie oben bereits näher erläutert, spielen die zwischen den einzelnen Familienmitgliedern bestehenden Nähebeziehungen bei der Gewichtung der einzelnen Erben im Rahmen der gesetzlichen Erbfolge eine wesentliche Rolle.

Hinsichtlich der generellen Bestimmung der gesetzlichen Erben fragte sich bereits Gottfried von Schmitt, der Verfasser des Vorentwurfs für das 5. Buch des BGB, nach welchen Gesichtspunkten die gesetzliche Erbfolge konstruiert werden sollte. Sollte die einfache Blutsverbindung oder das Zusammengehörigkeitsbewusstsein und der Familiensinn im Vordergrund stehen?[210]

Später führte er allerdings aus: „Die Verwandtschaft bildet nach allen Rechten den vornehmsten Grund der Erbfolge aus dem Gesetz."[211]

Diese Unterscheidung bzw. Überlegung zeigt, dass familiäre Solidarität schon damals eine Rolle gespielt hat und bei der Begründung der gesetzlichen Erbfolge nicht außer Acht zu lassen ist.[212] Und nicht nur Leipold sieht neben der rechtlichen Verbindung auch die Solidarität und den Schutz der Familie beim gesetzlichen Erbrecht der Abkömmlinge als im Vordergrund stehend.[213] Familiäre Gegebenheiten tatsächlicher, sitt-

206 Stöcker, FamRZ 1971, 612 f.

207 Leipold, AcP 180 (1980), 160, 196; ders. in: MüKo, Einl. Erbrecht, Rn. 14; ders., Erbrecht, Rn. 86.

208 Staudinger/Werner, Vorbem. zu §§ 1924-1936, Rn. 1.

209 Böhmer, Vorschläge zur Neuordnung, S. 9; Reichert-Facilides, Anhang I, A 59; MüKo/Leipold, Einl. §§ 1922, Rn. 14..

210 Schiemann, Familiensinn, S. 331.

211 Goldschmidt, Vermischte Schriften I (1901), S. 551; Coing, Empfiehlt es sich, das gesetzliche Erbrecht und das Pflichtteilsrecht neu zu regeln, A 19.

212 Goetz, FamRZ 1985, 987, 989.

213 Leipold, AcP 180 (1980), 160, 196; ders. in: MüKo, Einl. Erbrecht, Rn. 14; ders., Erbrecht, Rn. 86; Böh-

licher und rechtlicher Art und die Familiensolidarität stellen nach dieser Meinung das „Hintergrundmuster“[214] der Ausgestaltung der gesetzlichen Erbfolge dar.

Solidarität ist jedoch kein eigenständiger Rechtsbegriff.[215] Vielmehr findet sie sich in verschiedenen Rechtsgebieten wieder und kann als gemeinschaftliche Verbundenheit verschiedener Personen verstanden werden.[216]

Im Rahmen der familiären Solidarität wird Solidarität zum einen als Zusammenhalt und Füreinander-Einstehen, also als Ausdruck von Moralität[217], begriffen.[218] Diese innere Verbundenheit und Zusammengehörigkeit zwischen den einzelnen Familienmitgliedern gründet sich auf die familiäre Verbundenheit und bildet die Grundlage und meist auch die Motivation für das gegenseitige Einstehen.[219]

Familiäre Solidarität bewegt sich jedoch nicht gänzlich im rechtsfreien Raum, sie kann vielmehr eine echte Rechtspflicht bedeuten.[220]

Zwingend festgelegt hat der Gesetzgeber das erbrechtliche Konzept familiärer Solidarität im Pflichtteilsrecht. Dadurch räumt er den Familienangehörigen des Erblassers eine gewisse Mindestteilhabe am Nachlass ein und schafft so eine zwingende Mindestsolidarität.

Familiäre Solidarität findet sich also verwirklicht durch das Pflichtteilsrecht auch in der gesetzlichen Erbfolge wieder.

Innere Verbundenheit und ein familiäres Verhältnis allein reichen jedoch nicht aus, um sich eine gesetzliche Teilhabe am Nachlass zu sichern. Der Anspruch hängt vielmehr davon ab, in welchem rechtlichen Verhältnis der Familienangehörige zu dem Erblasser stand.

Der Streit um die Legitimation des Erbrechts muss auch an dieser Stelle weder entschieden noch weiter vertieft werden, schließen doch beide Ansätze einander nicht aus. Im Gegenteil, sie stehen wohl in der familiären Realität oft ergänzend nebeneinander.[221] Der mutmaßliche Erblasserwille, sein Vermögen an die nächste Generation weiterzugeben und die tatsächlichen familiären Verhältnisse fallen häufig zusammen.

---

mer, Vorschläge zur Neuordnung, S. 9; Ebenroth, Erbrecht, Rn. 51; Olzen, Erbrecht, Rn. 98; Kipp/Coing, Erbrecht, S. 16.

214 Horsch, NVwZ 2010, 232, 233.

215 s. hierzu auch Grimm, Solidarität als Rechtsprinzip, 1973.

216 Aus der juristischen Literatur zum Solidaritätsbegriff vgl. vor allem Denninger, Rechtsperson und Solidarität, S. 212 ff., 237 ff.

217 Durkheim, Èmile, De la division du travail social, 8. Ed., 19678, S. 28, 394; deutsch: Über soziale Arbeitsteilung, 2008, S. 111: „phénomène tout moral“.

218 Martiny, Empfiehlt es sich, die rechtliche Ordnung finanzieller Solidarität zwischen Verwandten in den Bereichen des Unterhaltsrechts, des Pflichtteilsrechts, des Sozialhilferechts und des Sozialversicherungsrechts neu zu gestalten?, A 11; Schwab, FamRZ 1997, 521.

219 Hondrich/Koch-Arzberger, Solidarität, S. 18.

220 Kremer, Prinzip der familiären Solidarität, S. 10; Brudermüller, Geschieden und doch gebunden? Ehegattenunterhalt zwischen Recht und Moral, 2008, S. 102 ff., 128 ff.

221 so auch Plettenberg, NZFam 2017, 889.

Im Gegensatz zur inneren Rechtfertigung der gesetzlichen Erbfolge sind die Berufungsgründe, die das Gesetz für die gesetzliche Erbfolge der Abkömmlinge nennt, eindeutig. Sie knüpfen an den Status der Verwandtschaft an. Diese Anknüpfung ist einfach und weitestgehend akzeptiert. Sie bringt Stabilität und Transparenz, Rechtssicherheit und Rechtsklarheit.

Geregelt wird die Verwandtschaft im BGB in § 1589. Allerdings wird hierunter nur die Verwandtschaft im engeren Sinne[222] gefasst, d. h. die durch *Abstammung* begründete Beziehung zweier oder mehrerer Personen, also die natürliche Verwandtschaft oder Blutsverwandtschaft.[223] Für das BGB und damit auch für das Erbrecht gilt einheitlich der enge Verwandtschaftsbegriff. Einzige Ausnahme hierzu bildet die Adoption, die gem. § 1754 BGB ein gesetzliches Kindschaftsverhältnis begründet.[224]

Voraussetzung für eine Pflichtteilsberechtigung der einzelnen Familienmitglieder ist also ausnahmslos ein durch Statusakt begründetes rechtliches Verhältnis zum Erblasser. Familiäre Solidarität aufgrund tatsächlicher Nähe oder innerer Verbundenheit kann als Grundlage oder Motivation für den Anspruch sehr wohl herangezogen werden, ist aber eben nicht seine tatsächliche Voraussetzung.[225]

4. Stellungnahme

Die gesetzliche Erbfolge kann und will nur dem durchschnittlichen Erbfall gerecht werden. Ihre Aufgabe ist es, den Erben zu bestimmen, wenn und soweit vom Erblasser eine solche Erbenbestimmung durch letztwillige Verfügung nicht vorgenommen wurde.[226]

Sieht man nun die Solidarität bei der gesetzlichen Erbfolge als Grundlage, muss man sich auch hier wieder unweigerlich fragen: Handelt es sich dabei um eine vermutete Solidarität, orientiert am mutmaßlichen Willen des Erblassers, oder um eine tatsächliche Solidarität, die sich aus den vorliegenden rechtlichen bzw. realen familiären Verhältnissen ableitet?

Stellt man auf den mutmaßlichen Erblasserwillen ab, so soll über die gesetzliche Erbfolge das Solidaritätskonzept realisiert werden, das sonst über die gewillkürte Erbfolge zum Tragen käme. Es findet damit ein Rückgriff auf vermutete gelebte Solidarität statt.

Im Gegensatz dazu führt, wenn man Solidarität im Rahmen der gesetzlichen Erbfolge auf das rechtliche Verhältnis zwischen Erben und Erblasser stützt, das gesetzliche Erbrecht das Pflichtteilsrecht fort, indem es rechtlich vorgeprägte Solidaritätsverbindungen und – verpflichtungen weiterführt.[227]

---

222 Verwandtschaft im weiteren Sinne bedeutet zusätzlich zu der sich aus Abstammung ergebender Verwandtschaft auch Schwägerschaft (§ 1590) und Adoption (§ 1741-1772)

223 Staudinger/Rauscher, Einl. zu §§ 1589-1600d; MüKo/Wellenhofer, § 1589 Rn. 1.

224 Staudinger/Rauscher, aaO. Rn 2.

225 s.a. Röthel, Familienrechtlicher Status und Solidarität, S. 90.

226 Röthel, Familienrechtlicher Status und Solidarität, S. 97.

227 Röthel, aaO, S. 98.

Der dritte Anknüpfungspunkt stützt sich auf die reale familiäre Solidarität, die unabhängig von den rechtlichen Beziehungen zwischen den einzelnen Familienmitgliedern besteht und auch unabhängig von einem etwaigen mutmaßlichen Willen des Erblassers ist. Sie besteht einzig darin, dass unter den Familienmitgliedern allein aufgrund ihrer familiären Beziehungen eine gewisse Solidarität besteht. Ob die Mitglieder dieser Familie zusätzlich noch eine rechtliche Solidarität verbindet, ist dafür nicht entscheidend.

Betrachtet man die wesentlichen Änderungen, die das Erbrecht im Laufe der Jahre seit seiner Inkraftsetzung durch die verschiedenen Reformen erfahren hat, muss man den mutmaßlichen Willen des Erblassers wohl eher als einen „bereits normativierten oder normativ geläuterten“[228] Willen ansehen. Wie sonst ließe sich rechtfertigen, dass im Rahmen der Änderung der erbrechtlichen Rechtsstellung der nichtehelichen Kinder in Bezug auf ihren Vater im Zuge der Reform des Nichtehelichengesetzes aus dem Jahr 1977[229] in der Begründung lediglich auf das Verfassungsrecht und auf die einfachgesetzliche Änderung des familienrechtlichen Verwandtschaftsbegriffes verwiesen wird.[230] Den mutmaßlichen Willen des Erblassers, seine ehelichen mit den nichtehelichen Kindern gleichzustellen, sucht man in der Gesetzesbegründung vergeblich.[231]

Auf eine soziale Bindung zwischen Erblasser und Erben kommt es also bei dieser Sichtweise grundsätzlich nicht an. So wird auch das Kind gesetzlicher Erbe, das mit seinem Vater nie in einer familiären Gemeinschaft gelebt hat, ebenso das Kind, dessen rechtliche Beziehung zu den Eltern durch Adoption begründet wurde.[232]

Man könnte also zu der Meinung gelangen, dass sich die innere Rechtfertigung des gesetzlichen Erbrechts der Abkömmlinge demnach einzig und allein nach dem rechtlichen Verhältnis zwischen Abkömmling und Erblasser richtet und Zusammengehörigkeitsbewusstsein sowie gelebte Solidarität zumindest de lege lata keine Grundlage dieser Rechtfertigung sind.

Die Tatsache, dass eine rechtliche Verbundenheit allein genügt, um das gesetzliche Erbrecht der Familienmitglieder zu begründen, könnte diese Ansicht stützen. Jedoch darf man dabei den im BGB verankerten Grundsatz der Familienerbfolge[233], also wirtschaftliche Verflechtung und Grundversorgung der Familie, nicht außer Acht lassen. In diesem Zusammenhang geht es zwar nicht primär um tatsächliche familiäre Solidarbeziehungen, jedoch spielt der Wille des Erblassers, seine Familie gut versorgt zu wissen, hierbei eine entscheidende Rolle.

Zwar hat die Familie die Funktion der Produktionsgemeinschaft in der heutigen Zeit fast gänzlich verloren; der Lebenswirklichkeit entspricht es vielmehr, sie als eine Soli-

[228] Röthel, aaO., S. 99.

[229] Gesetz vom 19.08.1969, in Kraft getreten am 01.07.1970, BGBl. I, S. 1243, vollständig verwirklicht durch das Erbrechtsgleichstellungsgesetz vom 16.12.1997, in Kraft getreten am 01.04.1998, BGBl. I, S. 2968.

[230] s. BT-Drucksache 13/4183.

[231] Röthel, Familienrechtlicher Status und Solidarität, S. 99.

[232] Röthel, aaO., S. 98.

[233] Staudinger/Werner, Vorbem. zu §§ 1924-1936, Rn. 1.

dargemeinschaft anzusehen, bei der die Beziehungen zueinander im Mittelpunkt stehen und deren Funktion sich meist auf die Erziehung und die finanzielle Versorgung der einzelnen Mitglieder beschränkt. Von einem in der Familie gemeinsam erwirtschafteten Familienvermögen kann größtenteils keine Rede mehr sein. Diese Tatsache darf jedoch nicht missverstanden werden. Sie bedeutet im Umkehrschluss natürlich nicht, dass die Familie früher keine Solidargemeinschaft war bzw. Solidarität und Zuneigung völlig fremd waren. Die Veränderung der Funktionen, ja sogar der teilweise eingetretene Funktionsverlust führt indessen dazu, dass die innere Rechtfertigung der gesetzlichen Erbenstellung allein orientiert an der Blutsverwandtschaft immer weniger gelingt.[234]

Bereits Reichert-Facilides stellte zutreffend fest, dass die Familie sich als soziale Einheit versteht und daher auch andere Personen als Blutsverwandte mit einschließen kann.[235] Ebenso spricht sich Coing dafür aus, dass der Gedanke der Blutsverwandtschaft in der Bevölkerung wohl heutzutage keine große Rolle mehr spielt. Vielmehr geht es bei der Familie um das Gefühl von Solidarität sowie um gegenseitige Hilfe und Zuneigung.[236]

Des Weiteren darf nicht außer Acht gelassen werden, dass das gesetzliche Erbrecht zwar einen Teil seiner (Versorgungs-)Funktion verloren hat, jedoch nur dann, wenn man typischerweise davon ausgeht, dass die Kinder beim Tod ihrer Eltern bereits eine eigene Existenz aufgebaut haben. In diesem Fall ist es wohl tatsächlich so, dass sie in der Regel nicht bedürftig sein werden.

Was ist jedoch mit den minderjährigen Erben, die weit davon entfernt sind, für sich selbst sorgen zu können? Gerade auf die Schutzbedürftigkeit dieser Kinder zielt die vorliegende Arbeit ab. Für sie ist die Versorgungsfunktion, die das gesetzliche Erbrecht natürlich immer noch innehat, mit Sicherheit die wichtigste aller Funktionen. Und wie bereits oben festgestellt, ergibt sich aus einer tatsächlichen geringeren Versorgungsrelevanz nicht automatisch auch ein gänzlich fehlendes Versorgungsbedürfnis.

Bezieht man all diese Ansichten in die Diskussion mit ein, so muss man sich doch ernsthaft fragen, ob das rechtliche Verhältnis zwischen den einzelnen Familienmitgliedern heute noch der alleinige Maßstab für das Erbrecht der Abkömmlinge sein kann bzw. ob die Blutsverwandtschaft überhaupt noch ein taugliches Kriterium für die Rechtfertigung der gesetzlichen Erbfolge ist.

Ebenso klärungsbedürftig ist, ob die einhergehende Schutz – und Versorgungsfunktion der einzelnen Familienmitglieder, die das Erbrecht ursprünglich hatte, in der heutigen Zeit tatsächlich noch auf die sog. Kernfamilie abzielt oder ob nicht Familie als solche auch „Patchworkfamilie“ bedeutet. So scheint es in der heutigen Zeit höchst fragwürdig, Stiefkinder des Erblassers nicht in diesen Schutzmechanismus mit aufzunehmen.

Erfasst man die Familie also in der heutigen Zeit sowohl als Solidargemeinschaft als auch als Versorgungsgemeinschaft, so scheint es vorzugswürdiger, den mutmaßlichen Willen des Erblassers zusammen mit tatsächlich gelebter Solidarität beruhend auf inner-

---

234 so auch Röthel , Familienrechtlicher Status und Solidarität, S. 98.

235 Reichert-Facilides, Gutachten 49. DJT, Anhang I, A 59, Fn. 9.

236 Coing, Gutachten 49. DJT, A 22.

familiären Realbeziehungen in den Vordergrund zu stellen und diesen in dem Zusammenhang dahingehend zu deuten, dass er seine ganze Familie, egal, ob durch Blutsverwandtschaft verbunden oder nicht, versorgt haben möchte.

Auch wenn freilich Verwandtschaft bzw. Abstammung wesentlich leichter nachzuweisen sind als eine sozial-familiäre Bindung, so kann dies allein nicht genügen, die rechtliche Verbundenheit als alleinige innere Grundlage des gesetzlichen Erbrechts in den Vordergrund zu rücken. Denn mit dieser Problematik muss sich die Rechtsprechung bereits im Zusammenhang mit § 1600 Abs. 2 BGB auseinandersetzen, wodurch das Argument der Beweisschwierigkeiten einer sozial-familiären Bindung auch in Bezug auf Stiefkinder nicht mehr tragfähig erscheint.

Auch wenn in diesem Zusammenhang häufig auf das Problem verwiesen wird, dass man wohl nicht generell annehmen kann, dass der Erblasser auch stets den Wunsch hegt, seine Stiefkinder in den Erbenkreis miteinzubeziehen, da zwischen Stiefeltern und Stiefkindern nicht immer eine harmonische Beziehung herrscht, da diese Kinder zum Teil bereits volljährig sind, wenn der Stiefelternteil in ihr Leben tritt oder dem Kindesalter zumindest bereits soweit entwachsen sind, dass sich eine Eltern-Kind-Beziehung nicht mehr entwickeln kann, so muss zwar zugestanden werden, dass die Dauer des Zusammenlebens der Eltern und das Alter des Kindes zu dem Zeitpunkt, in dem die neue Beziehung begründet worden ist, ganz entscheidende Faktoren sind.[237] Jedoch sind diese Probleme nicht allein solche, die nur in einer Patchworkfamilie auftauchen können. Vielmehr kann auch die Beziehung zwischen Eltern und ihren leiblichen Kindern so belastet sein, dass eine Teilhabe am Erbe nicht mehr gewünscht ist.

Der Unterschied ist jedoch, dass im Fall der Stieffamilie ein Testament notwendig wird, um die Stiefkinder erbrechtlich zu beteiligen. In einer „normalen" Familie dient das Testament hingegen meist dazu, die Teilhabe der Kinder am Nachlass zu beschränken. Ganz entscheidend differenzieren diese beiden Fallkonstellationen jedoch darin, dass die erbrechtliche Solidarität und der mit ihr verbundene gerechte Interessenausgleich bei der „normalen" Familie, bestehend aus den Eltern und ihren leiblichen Kindern, dazu führt, dass den Kindern durch ihren Pflichtteil grundsätzlich immer eine Mindestteilhabe am Nachlass ihrer Eltern verbleibt. Der Gesetzgeber hat also auch hier erbrechtliche Solidarität in den Vordergrund gestellt, auch wenn diese rein tatsächlich vielleicht gar nicht gegeben ist.

Insoweit wird der mutmaßliche Erblasserwille zwar so ausgelegt, dass eine Beteiligung der leiblichen Kinder generell gewünscht ist, dieser Wille leitet sich aber, wenn man ihn denn annimmt, auch wieder aus dem Solidargedanken gegenüber den einzelnen Familienmitgliedern ab, zu denen aber nicht nur leibliche Kinder und der Ehepartner, sondern auch Stiefkinder und der nichteheliche Partner gehören können.

Was den mutmaßlichen Erblasserwillen im Hinblick auf die Versorgung des Ehepartners bzw. des nichtehelichen Lebenspartners angeht, so soll an dieser Stelle noch einmal die bereits weiter oben angeführte EMNID-Umfrage von 1971 näher beleuchtet werden.

---

237 so auch Dethloff, Biologische, soziale und rechtliche Elternschaft, S. 10.

Zwar haben bei dieser Umfrage 50 % der Menschen angegeben, ihren Ehepartner zum Alleinerben machen zu wollen. Dabei darf aber nicht übersehen werden, dass hierbei nicht die Ehe als zwingende Voraussetzung für dieses Erbrecht angesehen wurde.

60 % der befragten Personen sprachen sich zudem für eine Nachlassbeteiligung der nichtehelichen Partnerin neben der Ehefrau aus, und zwar für den Fall, in welchem die Ehe des Erblassers seit Langem zerrüttet war und er über längere Zeit mit der nichtehelichen Partnerin zusammengelebt hatte und diese bis zu seinem Tod an seiner Seite war und ihn aufopferungsvoll gepflegt hatte.[238]

Das Ergebnis dieser Umfrage sollte zeigen, dass in diesem Fall die nichteheliche Partnerin sogar neben der Ehefrau erben sollte.

Betrachtet man dieses Ergebnis jedoch genauer[239], so fällt auf, dass es sich bei der Frage um eine geschlossene Frage handelte und die Antwortalternative, in der die Freundin als nichteheliche Lebenspartnerin allein erben sollte, gar nicht auftauchte. Zudem geht die Frage davon aus, dass eine nichteheliche Lebensgemeinschaft neben der Ehe besteht; diese Lebensform als Alternative zur Ehe anzusehen und dadurch nicht nur zu einer Nachlassbeteiligung neben der Ehefrau zu kommen, sondern zu einem eigenen Erbrecht der nichtehelichen Partnerin, sieht die Umfrage ebenfalls nicht vor.

Die Auswertung, die ergab, dass immerhin 60 % der Befragten der Auffassung waren, die nichteheliche Partnerin sollte zumindest neben der Ehefrau erben, zeigt indes, dass eine gleichwie gestaltete erbrechtliche Begünstigung der Lebensgefährtin gewünscht wurde.

Unter Berücksichtigung dieser Tatsache müsste man wohl erst recht dann zu einem gesetzlichen Erbrecht des nichtehelichen Partners gelangen, wenn erst gar keine Ehe eingegangen wird, ja die Lebensgemeinschaft anstatt der Ehe als Lebensform gewählt wird.

Auch das gesetzliche Erbrecht des Ehegatten findet seine Funktion hauptsächlich in der Versorgung des Partners, in früherer Zeit zumeist der Ehefrau, die aufgrund der Erziehung der Kinder sowie aufgrund des damaligen Zeitgeistes kein eigenständiges Einkommen hatte. Doch auch heute noch verzichtet ein Partner häufig auf sein eigenes berufliches Fortkommen, um sich der Familie zu widmen. Dabei macht es keinen Unterschied, ob die Familie auf der Institution Ehe basiert oder ob die Partner nichtehelich zusammenleben. Auch in den nichtehelichen Familien gibt einer der Partner, in den meisten Fällen die Frau, seine Erwerbstätigkeit zugunsten der Kinder auf. Überwiegend unterlässt es die Frau, einer außerhäuslichen Erwerbstätigkeit nachzugehen. In einigen Fällen nimmt sie eine Teilzeitbeschäftigung auf. Solange das Kind das dritte Lebensjahr noch nicht vollendet hat, sind immerhin 55 % der Frauen in nichtehelichen Lebensgemeinschaften finanziell vom Erwerb des Partners abhängig.[240]

238 Goetz, FamRZ 1985, 989.

239 vgl. dazu auch Bauer, Soziologie und Erbrechtsreform, S. 70 ff.

240 Kreyenfeld/Konietzka, Neue Familienformen im konservativen Wohlfahrtsstaat?, S.34, Tabelle 4: http://www.gesis.org/fileadmin/upload/institut/wiss_arbeitsbereiche/gml/Veranstaltungen/3.NK_2003/Papers/text_kreyenfeld_konietzka.pdf

Zudem zeigt das gesetzliche Erbrecht des Ehepartners vertikal die Stetigkeit von Generationenbeziehungen, und auch horizontal ermöglicht das gesetzliche Erbrecht dem überlebenden Partner nicht nur die gegenständliche oder wertmäßige Teilhabe an der materiellen und immateriellen Lebensleistung der gelebten Paarbeziehung. Seine erbrechtliche Begünstigung zeigt vielmehr symbolisch, dass der Partner als Teil des Lebens des anderen wertgeschätzt wird.[241]

Die rechtliche Verbundenheit kann aus diesem Grund auch in Bezug auf den Ehepartner nicht allein Kriterium der gesetzlichen Erbfolge sein. Auch in dieser Beziehung spielt die Solidarität eine ebenso bedeutende Rolle, wenn nicht sogar eine bedeutendere.

Auch das Argument, eine sog. „Übersolidarität“[242] zwischen einzelnen Gesellschaftsmitgliedern sei schädlich, kann zumindest in Bezug auf Stiefkinder als rein faktische Familienangehörige nicht überzeugen. Dutta führt in diesem Zusammenhang aus, dass Gesellschaftsmitgliedern, die bisher durch keine rechtliche Beziehung verbunden sind, eine erbrechtliche Solidarität aufgezwungen wird und dadurch keine Besserstellung bzw. kein gerechter Interessenausgleich erreicht wird.[243]

Auf nichteheliche Lebenspartner mag das teilweise zutreffen, wobei auch hier zwischen den verschiedenen Formen des nichtehelichen Zusammenlebens unterschieden wird. Mag die Argumentation für solche Partnerschaften, die sich erst im Alter finden oder für sehr junge Menschen vielleicht zutreffend sein, so darf man doch die nichtehelichen Lebensgemeinschaften, die sich rein äußerlich nicht von einer Ehe unterscheiden und in der womöglich auch noch gemeinsame und/oder einseitige Kinder leben, nicht unberücksichtigt lassen. Generell kann man für alle drei Erscheinungsformen weder annehmen, dass eine erbrechtliche Absicherung gewünscht ist, noch dass der Wunsch nach dieser Absicherung grundsätzlich nicht besteht. Doch spricht die Tatsache, dass sie sich gegen eine Verrechtlichung ihrer Beziehung entschieden haben und deshalb auch erbrechtlich die „Konsequenzen“ tragen müssen, wohl eher dafür, dass sich die Partner dieser Beziehungen Nähe ohne rechtliche Verbindlichkeit wünschen.

Was die Stiefkinder als ebenfalls rein faktische Familienangehörige angeht, kann die Ansicht Duttas nicht überzeugen. Diese Kinder suchen sich im Gegensatz zu den Partnern einer nichtehelichen Lebensgemeinschaft nicht aus, in welcher Familienform sie leben, sie haben keinen Einfluss darauf.

Im Ergebnis bleibt wohl festzuhalten, dass es nicht so sehr darauf ankommt, den Ursprung der gesetzlichen Erbfolge hinsichtlich der Abkömmlinge und des Ehepartners in der reinen Blutsverwandtschaft bzw. der rechtlichen Beziehung oder orientiert am mutmaßlichen Willen des Erblassers zu sehen. Allein entscheidend ist, dass die familiäre Solidarität im Vordergrund steht.

---

241 Kroppenberg, Should the surviving partner of a cohabitant relationship be given legal rights to the estate of the deceased? A European Quest, Vortrag im Rahmen des Seminar "Inheritance Law in the 21st century: Challenges and Reform. A Norwegian-German Research Seminar," Organisation Prof. Dres. Volker Lipp, Göttingen, Thorstein Frantzen, Bergen, am 30. August 2012 an der Universität Bergen, Norwegen.

242 Dutta, Warum Erbrecht?, S. 459.

243 Dutta, Warum Erbrecht?, S. 459.

Es geht um menschliche Nähe, innere Verbundenheit und um familiäre Beziehungen, die auch dort bestehen können, wo keine Blutsverwandtschaft gegeben ist. Viel wichtiger als die tatsächliche Verwandtschaft ist das Verhältnis, in dem die Kinder, seien es leibliche oder Stiefkinder, und der Partner, egal ob ehelich oder nicht, zu dem Erblasser gestanden haben.

Die Grenze der Erbberechtigung könnte somit dort gezogen werden, wo ein enger persönlicher und wirtschaftlicher Zusammenhang nicht mehr besteht.[244].

Zwar ist dem familienrechtlichen Status aufgrund seiner Transparenz und Stabilität seine Geeignetheit als Berufungsgrund nicht abzuerkennen, aber fehlende Defizite in diesem Bereich sind kein Argument, faktische familiäre Beziehungen als Berufungsgrund gänzlich abzulehnen.[245]

[244] Götz, FamRZ 1985, 987, 989.

[245] so aber Windel, Über die Modi der Nachfolge in das Vermögen einer natürlichen Person beim Todesfall, S. 223.

VII. Kapitel: Die erbrechtliche Behandlung von Realbeziehungen – Die geltende Rechtslage in Deutschland zum Erbrecht des Stiefkindes

Wie oben dargestellt, hat sich die Familie im Laufe der letzten Jahrzehnte beträchtlich verändert. Kinder stammen aus verschiedenen Verbindungen und Familien. Die Pluralisierung der Lebensformen hat zu einer erheblichen Zunahme nichtehelicher Lebenspartnerschaften geführt. In diesen Fortsetzungsfamilien besteht tatsächliche rechtliche Elternschaft nur zu einem, dem leiblichen Elternteil.[246] Stirbt einer der beiden Elternteile oder wird die Beziehung durch Scheidung oder Trennung beendet, entsteht häufig nicht nur eine Gemeinschaft aus dem verbleibenden Ehegatten und den leiblichen Kindern. Vielmehr entwickelt sich eine Art „Zufallsgemeinschaft mit eher zentrifugalen Potenzen“[247]. Die Auswirkungen dieser gesellschaftlichen Veränderung auf das Familien-, Sozial – und Steuerrecht und deren Relevanz in diesem Zusammenhang wurden bereits erörtert. Doch inwieweit sind diese veränderten demografischen Fakten auch im Erbrecht relevant?

Die erbrechtliche Stellung der Stiefkinder (des Verstorbenen) gewinnt durch die veränderte gesellschaftliche Lebenssituation enorm an Bedeutung. Macht diese veränderte Gesellschaftssituation, die Pluralisierung von Partnerschaft und Familie, also auch eine Korrektur des geltenden Erbrechts notwendig?

Verallgemeinernd ist festzuhalten, dass die Entstehung der neuen Familienformen, egal ob nach Tod, Scheidung oder Trennung, immer in unmittelbarem Zusammenhang mit der rechtlichen Situation der Kinder steht. So findet mit der Multiplikation oder Segmentierung von Elternschaft zugleich auch eine Pluralisierung der Kindschaftskonstellationen statt.[248] Wie wirkt sich diese veränderte familiäre Situation also erbrechtlich auf die in diesen Familien lebenden Kinder aus?

Um diese Frage beantworten zu können, soll zunächst die aktuelle erbrechtliche Situation des Stiefkindes dargestellt werden. Allerdings darf in diesem Zusammenhang nicht außer Acht gelassen werden, inwieweit der Gesetzgeber bei Schaffung des BGB die soziologische Familiensituation Stief – bzw. Patchworkfamilie bereits berücksichtigt und erwogen hat.

Das BGB definiert den Begriff des „Stiefkindes“[249] nicht. Auch der Begriff „Stiefeltern“ ist ihm fremd. Besondere zivilrechtliche Regelungen für das Verhältnis zwischen Stiefkind und Stiefelternteil sind im Gesetz nur in Teilbereichen geregelt. Im Zivilrecht finden sich solche Regelungen nur im Familienrecht. Im öffentlichen Recht dagegen hat der

---

246 Eine Ausnahme bildet der Fall, in dem das Stiefkind vom neuen Partner adoptiert wird.

247 Strätz, FamRZ 1998, 1553, 1555; Reimann in: Familienerbrecht und Testierfreiheit, S. 36; Martiny, Gutachten A zum 64. DJT, A 18.

248 so auch schon Vaskovics in Schwab/Vascovics, S. 11, 23.

249 § 207 Abs. 1 Nr. 2 BGB spricht allerdings vom „Kind eines Elternteils und dessen Ehegatten“, § 1755 Abs. 2 BGB vom „Kind des Ehegatten“

Gesetzgeber sowohl das Steuer – als auch das Sozialrecht mit Regelungen betreffend die Stieffamilie ausgestattet.

Zwischen Stiefeltern und Stiefkindern besteht keine rechtliche Verwandtschaft. Sie sind jedoch miteinander verschwägert, und zwar in Schwägerschaft ersten Grades in gerader Linie, § 1590 Abs. 2 BGB, § 11 Abs. 2 LPartG. Schwägerschaft verbindet weniger als Verwandtschaft, was zur Folge hat, dass ihre Bedeutung für das Recht relativ gering ausfällt. Am deutlichsten wird diese vergleichsweise geringe Bedeutung dort, wo die verwandtschaftsbezogene Norm nicht auch die Schwägerschaft erwähnt. So ist kein Verschwägerter kraft Gesetzes zur Erbschaft berufen. Damit fehlen im deutschen Erbrecht Regelungen im Hinblick auf ein gesetzliches Erbrecht des Stiefkindes gänzlich.

Das geltende deutsche Erbrecht lässt sich gut unter den Begriff „Familienerbrecht" subsumieren und knüpft an die Institutionen Ehe und Familie im herkömmlichen Sinn an. Der Nachlass wird an den Ehepartner, die leiblichen Kinder und andere Familienmitglieder im Sinne des Gesetzes verteilt. Als Grund hierfür wird die emotionale und wirtschaftliche Verbundenheit dieser Personen angeführt.[250] Aus dieser Verbundenheit resultiert die Eigenschaft dieser Personen als natürliche Erben. Es enthält jedoch keine Regelung zum gesetzlichen Erbrecht des Stiefkindes gegenüber seinem Stiefelternteil. Probleme ergeben sich in diesem Zusammenhang nicht nur bei dem Erbrecht der Stiefkinder des jeweiligen Partners; auch dann, wenn der leibliche Elternteil vor dem Stiefelternteil stirbt und die Partner miteinander verheiratet waren, können aus dieser Tatsache Nachteile für das (Stief-)Kind resultieren.

Grundsätzlich muss zunächst zwischen dem gesetzlichen und dem gewillkürten Erbrecht des Stiefkindes unterschieden werden. Welche erbrechtlichen Ansprüche der deutsche Gesetzgeber dem Stiefkind zubilligt, richtet sich weiter danach, welcher Elternteil, leiblicher – oder Stiefelternteil, von dem Kind in Anspruch genommen wird und ob das Stiefkind aus einer formalisierten oder einer nichtehelichen Stieffamilie stammt.

Im Folgenden gilt es also zu klären, in welcher Weise die Stiefkinder nach dem Tod der (Stief-)Eltern versorgt sind.

1. Unmittelbares gesetzliches Erbrecht des Stiefkindes gegen seinen leiblichen Elternteil

Gesetzlich geregelt ist das Erbrecht, das dem Stiefkind nach dem Tod seines leiblichen Elternteils gegen diesen zusteht. Es richtet sich nach § 1924 Abs. 1 BGB.

Diese Beteiligung am Nachlass des leiblichen Elternteils wird jedoch geschmälert, falls der leibliche und der Stiefelternteil verheiratet waren, gem. § 1931 Abs. 1 BGB. Falls die beiden in einer Zugewinngemeinschaft gelebt haben, greift zusätzlich § 1371 Abs. 1 i.V.m. § 1931 Abs. 3 BGB. Diese Minderung benachteiligt das Stiefkind erheblich, da, anders als bei den gemeinschaftlichen aus der Ehe stammenden Abkömmlingen, ein Ausgleich in Form eines Unterhaltsanspruchs bzw. durch eine Beteiligung am Nachlass des überlebenden Ehegatten nicht stattfindet.

250 Leipold, JZ 2010, 804; MüKo/Leipold, Einl. Erbrecht, Rn. 12.

Aus diesem Grund hat der Gesetzgeber § 1371 Abs. 4 BGB geschaffen, als „Trostpflaster“[251] und in letzter Minute.[252] § 1371 Abs. 4 BGB ist zwar gesetzessystematisch im Güterrecht der Ehegatten angesiedelt, gewährt tatsächlich aber einen durch den Erbfall eintretenden Ausgleich, weshalb wohl von einem Mischcharakter des Anspruchs auszugehen ist.[253] Dieser Anspruch soll die Ausbildung des Stiefkindes nach dem Tod des leiblichen Elternteils sichern.

2. Unmittelbares gesetzliches Erbrecht des Stiefkindes gegen seinen Stiefelternteil

Das deutsche Erbrecht kennt grundsätzlich kein gesetzliches Erbrecht, das dem Stiefkind, egal ob ehelich oder nichtehelich, unmittelbar gegen seinen Stiefelternteil zusteht.

a. Ehelich geborene Stiefkinder und missbräuchliche Vaterschaftsanerkennung

Eine Ausnahme besteht bei den Kindern, die gem. § 1592 Nr. 1 BGB als ehelich geboren gelten, der Ehemann der Mutter aber nicht deren biologischer Vater ist bzw. für Kinder, für die der Stiefvater die Vaterschaft anerkennt, in Kenntnis oder Unkenntnis darüber, dass er tatsächlich nicht der biologische Vater ist.

Diese Kinder sind de facto zwar „Stiefkinder“, gelten aber solange als leibliche Kinder ihres Stiefvaters und beerben diesen demnach gleich den tatsächlichen leiblichen Kindern, solange die Ehelichkeit nicht erfolgreich angefochten wurde, „pater is est, quem nuptiae demonstrant“.

Daraus ergibt sich also für diese Kinder ein direkter unmittelbarer gesetzlicher Erbanspruch gegen ihren Stiefelternteil.

Der tatsächliche leibliche, aber nicht rechtliche Vater steht in dieser Konstellation erbrechtlich quasi als unbeteiligter Dritter daneben, solange er nicht von seinem Anfechtungsrecht gem. § 1600 BGB Gebrauch macht. Dieses Anfechtungsrecht besteht jedoch nur, falls zwischen dem Kind und dem rechtlichen Vater keine sozial-familiäre Beziehung besteht. Helms spricht sich dafür aus, dass ein Anfechtungsrecht des biologischen Vaters auch dann bestehen soll, wenn eine solche sozial-familiäre Beziehung gegeben ist.[254] § 1600 Abs. 2 BGB richtet den Blick allein auf die sozial-familiäre Beziehung zwischen rechtlichem Vater und Kind. Irrelevant ist, ob eine solche Beziehung auch zum leiblichen Vater besteht oder vielleicht einmal bestanden hat. Warum diese gegebenenfalls wieder abgebrochen ist oder nie aufgebaut werden konnte, spielt keine Rolle. Aus diesem Grund lässt sich nach Helms[255] auch die Bevorzugung der sozialen Vaterschaft schlüssig erst dann rechtfertigen, wenn in zeitlicher Hinsicht eine gewisse Verfestigung

251 Frank, Grenzen der Adoption, S. 53.

252 § 1371 Abs. 4 BGB findet sich in keinem der Entwürfe oder der Vorlagen des BGB. Er wurde erst in der Sitzung des Bundestages vom 03.05.1957 in das Gesetz eingefügt, wohl auf Antrag des Abgeordneten Prof. Wahl, vgl. Frank, Grenzen der Adoption, S. 53, Fn. 158.

253 MüKo/Koch, § 1371, Rn. 58; Staudinger/Thiele, § 1371, Rn. 121; a.A.: Soergel/Grziwotz, § 1371, Rn. 39, wonach der erbrechtliche Bezug überwiegt.

254 Helms, Gutachten F, F 51.

255 Helms, Rechtliche, biologische und soziale Elternschaft, NJW-Beil 2016, 49, 51.

der gelebten Vater-Kind-Beziehung eingetreten ist, ohne dass der biologische Vater Interesse am Schicksal des Kindes bekundet hat. § 1600 Abs. 2 BGB sollte seiner Meinung nach gestrichen werden. Damit der belastende Zustand der Ungewissheit für die soziale Familie nicht von immenser Dauer ist, könnte die Anfechtungsfrist für den biologischen Vater auf ein Jahr verkürzt werden. Gleichzeitig gebietet es die Fairness, am allgemeinen Grundsatz des kenntnisabhängigen Fristbeginns festzuhalten. Dabei wird in den meisten Fällen die Frist für den biologischen Vater ohnehin mit der Geburt des Kindes zu laufen beginnen, im Übrigen hat es die Mutter in der Hand, einen entsprechenden Fristbeginn sicherzustellen.

Ein weiterer Lösungsvorschlag zielt darauf ab, gesetzlich die Möglichkeit für zwei rechtliche Väter zu eröffnen. Plettenberg spricht sich dafür aus, dem leiblichen Vater auch die statusrechtliche Zuordnung eines rechtlichen Vaters zu gewähren, sofern es dem Kindeswohl dient. Dabei würden durch die Zuordnung die gleichen Rechte und Pflichten begründet wie bei einer alleinigen Vaterschaft.[256]

b. Die Stiefkindadoption

Auch die Stiefkindadoption als Volladoption verhilft dem Stiefkind zu einem unmittelbaren Erbrecht gegenüber seinem Stiefelternteil, es entstehen neue wechselseitige Erb – und Pflichtteilsansprüche zwischen dem Kind und dem annehmenden Stiefelternteil, § 1741 Abs. 2 S. 3 BGB.

In Deutschland sind mehr als die Hälfte der Adoptionen aller Minderjähriger Stiefkindadoptionen. 2015 waren es 60, 8 % von insgesamt 3812 Minderjährigenadoptionen[257] , 2017 bereits 63 %.[258]

Die Stiefkindadoption regelt das BGB ausdrücklich als „Annahme des Kindes des Ehegatten", § 1741 Abs. 2 S. 2 BGB. Sie ist damit nur verheirateten Stiefeltern vorbehalten. Dem Stiefelternteil, der mit seinem Partner in einer nichtehelichen Lebensgemeinschaft lebt, bleibt die Möglichkeit der Adoption seines Stiefkindes verwehrt.

Im Vergleich zur Fremdadoption weist die Stiefkindadoption einige Privilegierungen auf[259]:

So entfällt grundsätzlich durch die Adoption das gesetzliche Erb – und Pflichtteilsrecht zwischen dem Kind und seinem leiblichen Elternteil, der der Adoption durch den Stiefelternteil zugestimmt hat, und dessen Verwandten. Das Gesetz macht von diesem Grundsatz jedoch dann eine Ausnahme, wenn der Elternteil, der das Kind für die Adoption „freigegeben" hat, bereits vorverstorben ist. Handelt es sich bei der Adoption also um die Annahme einer Halbwaise, erlischt das Verwandtschaftsverhältnis zwischen dem

256 Plettenberg, Vater, Vater, Mutter, Kind, S. 142 f.

257 Statistisches Bundesamt, Jahrbuch 2017, S.68; Statistischer Überblick über die Jahre 1960-2005 bei Staudinger/Frank, BGB, Vorbem. zu §§ 1741 ff., Rn. 28.

258 https://www.bmfsfj.de/blob/120132/eba5d18547a3e292 f4403ecbdda4a846/kernpunktepapier-efza-adoption-data.pdf, S. 7.

259 vgl. hierzu Wilke, Adoption, S. 52 ff., Fn. 12.

Kind und den Verwandten des verstorbenen Elternteils nicht, wenn dieser die elterliche Sorge hatte, § 1756 II BGB[260]. Das Kind erhält dadurch eine dritte Aszendentenlinie und damit im besten Fall ein doppeltes Erbrecht, hinsichtlich der Verwandten des Stiefelternteils und hinsichtlich derer des verstorbenen leiblichen Elternteils. Zudem hat es den verstorbenen Elternteil vor der Adoption bereits beerbt und erhält mit der Adoption zusätzlich einen gesetzlichen Erbanspruch gegenüber dem adoptierenden Elternteil, mithin also ein doppeltes Erbrecht.

Allerdings bestimmt § 1925 Abs. 4 BGB für die Fälle des § 1756 BGB, dass das Stiefkind und seine leiblichen Geschwister im Verhältnis zueinander nicht Erben der zweiten Ordnung sein sollen, sondern Erben der dritten Ordnung sind. Die Verwandtschaft im erbrechtlichen Sinne bleibt dem Stiefkind also nur teilweise erhalten. Zwar erhält es eine dritte Aszendentenlinie, jedoch erlöschen die verwandtschaftlichen Beziehungen zu den Abkömmlingen seines verstorbenen Elternteils.

3. Mittelbares gesetzliches Erbrecht des Stiefkindes gegen seinen Stiefelternteil

Eine mittelbare erbrechtliche Begünstigung des Stiefkindes, jedoch nur des ehelichen, gegen seinen Stiefelternteil kann sich bei folgender Konstellation ergeben: Falls der Stiefelternteil vor dem leiblichen Elternteil verstirbt, steht diesem gem. § 1931 Abs. 1 BGB ein gesetzliches Erbrecht neben den leiblichen Kindern des Verstorbenen zu. Nach dem Tod des leiblichen Elternteils partizipiert dessen Kind aufgrund seines gesetzlichen Erbrechts mittelbar auch an dem Vermögen des Stiefelternteils.

Es darf in diesem Zusammenhang jedoch nicht übersehen werden, dass es durch den Erbanspruch des Ehepartners, der nicht leiblicher Elternteil des Stiefkindes ist, nach dem Tod des leiblichen Elternteils, gleich ob durch gesetzliche oder gewillkürte Erbfolge, zu einer erheblichen Benachteiligung kommen kann.

Das gesetzliche Erbrecht des Ehegatten wird oft nur unter dem Gesichtspunkt betrachtet, dass das Vermögen der Ehegatten, die gleichzeitig Eltern sind, nach deren Tod an die gemeinsamen Kinder fällt und es aus diesem Grund nicht zu einer Benachteiligung der Kinder infolge dieses Erbanspruchs kommen kann. Gestaltet sich die Situation jedoch derart, dass zunächst der leibliche Elternteil des Kindes verstirbt und der Stiefelternteil das Kind nach seinem Tod nicht durch eine letztwillige Verfügung bedenkt, so geht das Stiefkind im Gegensatz zu den Abkömmlingen oder anderen Verwandten des Stiefelternteils nach dessen Tod leer aus.

Im Ergebnis führt dies dazu, dass dem Stiefkind ein entscheidender Teil des Nachlasses seines leiblichen Elternteils aufgrund des Ehegattenerbrechts entgeht und in die „andere“ Familie fließt.

Auch hier half in früheren Zeiten das rechtliche Institut der Einkindschaft.[261] Der sog. Einkindschaftsvertrag erzeugte eine auf dem Willen der Vertragsparteien beruhende rechtliche Regelung, die eine Benachteiligung der Kinder aus der vorhergehenden Ehe

260 kritisch hierzu Frank, FamRZ 1998, 393, 398.

261 s. hierzu auch Lipp, Einkindschaft, Sp. 1296-1298.

korrigierte, indem sie die Kollektivität eines Familienzusammenhangs für diese Kinder in der neuen ehelichen Verbindung fingierte und diese erbrechtlich mit den „neuen“ gemeinsamen Kindern gleichstellte.[262]

Dem Stiefkind bleibt de lege lata in diesem Fall lediglich der Anspruch aus § 1371 Abs. 4 BGB.

4. § 1969 BGB

Ein Anspruch nach § 1969 BGB auf Unterhaltsgewährung durch die Erben (in derselben Art und Weise wie es auch der Erblasser getan hat) sowie auch Benutzung der Wohnung und der Haushaltsgegenstände in den ersten 30 Tagen nach dem Erbfall steht auch den Stiefkindern des Erblassers zu. Denn auch sie sind Familienangehörige i.S.v. § 1969 BGB.[263]

Der Grundgedanke des Dreißigsten liegt in dem persönlichen, familiären Treueverhältis, das zwischen den einzelnen Personen durch die Hausgemeinschaft begründet wurde und hat bis heute nichts von seiner Überzeugungskraft verloren.[264] Auch anhand dieser Vorschrift wird deutlich, dass der Gesetzgeber die Beziehung des Erblassers zu faktischen, nicht blutsverwandten Familienangehörigen auch im Erbrecht vor Augen hatte, auch wenn die Vorschrift in keinem der Entwürfe des BGB auftaucht.

Bei § 1969 BGB handelt es sich um ein gesetzliches Vermächtnis, vgl. § 1969 Abs. 2 BGB, also um einen schuldrechtlichen Anspruch, der zu den Nachlassverbindlichkeiten gehört. Der Anspruch kann vom Erblasser durch letztwillige Verfügung ausgeschlossen werden. Ebenso kann dieser Inhalt und Umfang der Verfügung festlegen und gem. § 2147 S. 2 BGB einen Miterben oder Vermächtnisnehmer mit der Verpflichtung aus § 1969 BGB belasten.[265]

5. Das gesetzliche Erbrecht nichtehelicher Stiefkinder

Für nichteheliche Stiefkinder gibt es mit Ausnahme des § 1969 BGB keine Möglichkeit, weder unmittelbar noch mittelbar, nach dem Gesetz am Erbe ihres Stiefelternteils zu partizipieren. Was den Erbanspruch gegenüber dem leiblichen Elternteil betrifft, kommt es hierbei, im Gegensatz zu der Situation, die sich dem ehelichen Stiefkind bietet, nicht zu einer Minderung aufgrund des Erbrechts des überlebenden Stiefelternteils, da das Gesetz diesem als nichtehelichem Partner kein eigenes Erbrecht einräumt.

6. Erbrecht des ehelichen bzw. nichtehelichen Stiefkindes gegen seinen Stiefelternteil aufgrund gewillkürter Erbfolge

Die gewillkürte Erbfolge bietet mannigfaltige Möglichkeiten für die Stieffamilie, gleichgültig ob formalisiert oder nicht, für den Todesfall vorzusorgen.

---

262 Heinz, FuR 2014, 405, 408.

263 MüKo/Küpper, § 1969, Rn. 2; Staudinger/Marotzke, § 1969, Rn. 4; OLG Düsseldorf, NJW 1983, 1566.

264 Staudinger/Marotzke, § 1969, Rn. 3.

265 MüKo/Küppers, § 1969, Rn. 5.

Möchte nun der Stiefelternteil die Kinder des anderen Partners nach seinem Tod sofort an seinem Vermögen teilhaben lassen, ist es notwendig, eine letztwillige Verfügung zu treffen. Für eine testamentarische Berücksichtigung der Stiefkinder gibt es verschiedene Möglichkeiten, auf die hier aufgrund der Fülle der zu diesem Thema bereits erschienenen Literatur nicht allzu ausführlich eingegangen werden soll.[266]

Entscheidend ist in diesem Zusammenhang, ob eine Gleichbehandlung aller Kinder oder eine unterschiedliche Behandlung von leiblichen und Stiefkindern angestrebt wird. Des Weiteren sollten Regelungen in das Testament mit aufgenommen werden, die sich mit dem gleichzeitigen Versterben beider Ehegatten befassen. Es sollte an eine unterhaltsrechtliche Absicherung der Stiefkinder ebenso wie an eine Ausschaltung eines eventuell vorhandenen Ex-Ehegatten/-Partners gedacht werden. Auch dürfen die pflichtteilsrechtlichen Probleme nicht außer Acht gelassen werden.

Doch auch wenn das Stiefkind im Rahmen der gewillkürten Erbfolge als Erbe seines Stiefelternteils eingesetzt wird, bleiben immer noch die Pflichtteilsansprüche anderer Verwandter, die sein Erbe schmälern können.[267]

7. Möglichkeit der Auslegung der geltenden Normen durch die Rechtsprechung?

Aufgrund der unbefriedigenden momentanen Gesetzeslage zur erbrechtlichen Berücksichtigung faktischer familiärer Beziehungen, insbesondere im Hinblick auf Stiefkinder und nichteheliche Lebenspartner, muss das Gesetz zumindest auf die folgende Frage untersucht werden: Haben die momentan geltenden Rechtsnormen das Potential, auf diese vielfältigen Familienkonstellationen zu reagieren, sind sie also so angelegt, dass zumindest die Rechtsprechung unter Zuhilfenahme der geltenden erbrechtlichen Normen reagieren und den familiären Wandel berücksichtigen kann? Haben wir in Deutschland ein reflexives (interpretations-) offenes Erbrecht?

Die von der Rechtsprechung geschaffene etwaige Ersatzerbenstellung von Stiefkindern und deren Abkömmlingen kann im Hinblick auf diese Frage zumindest für diese Fälle überzeugen.

Anknüpfungspunkt für die ergänzende Testamentsauslegung in den Fällen der vorliegenden Art ist § 2069 BGB. Danach ist, wenn der Erblasser einen seiner Abkömmlinge bedacht hat und dieser nach der Errichtung des Testaments wegfällt, im Zweifel anzunehmen, dass dessen Abkömmlinge insoweit bedacht sind, als sie bei der gesetzlichen Erbfolge an dessen Stelle treten würden.

Haben Ehegatten in ihrem gemeinschaftlichen Testament jedoch als Schlusserben nur die einseitigen Kinder eines der Partner eingesetzt, so sind Ersatzerben auch die Abkömmlinge des Schlusserben, obwohl dieser nur einseitig ein Abkömmling der Ehegat-

266 vgl. hierzu u.a.: Breidenstein, ZFE 2010, 263; Grandel/Stockmann, Patchworkfamilie im Erbrecht; Grziwotz, Testamentsgestaltung bei der Patchwork-Familie, FamRB 2003, 232; Hausmann, Patchworkfamilie – eine besondere Herausforderung für den Notar, DNotZ 2011, 602; Kappler/Kappler, Patchworkfamilie und Erbrecht, ZEV 2015, 437; Nieder, Ehegatten mit einseitigen Abkömmlingen (Patchwork-Familie); Schulze/Grziwotz/Lauda, Testament in der Patchworkfamilie.

267 s. dazu weiter unten Kapitel VIII 5.

ten ist.[268] Das Gleiche gilt für die Ersatzerbenstellung von Stiefkindern nach ihrem vor dem Erbfall verstorbenen leiblichen Elternteil, der von dem Stiefelternteil durch gemeinschaftliches Testament oder Erbvertrag zum Erben eingesetzt wurde.[269]

Ebenso können die Abkömmlinge des Stiefkindes Ersatzerben werden, falls dieses in einem gemeinschaftlichen Testament des Stief – und des leiblichen Elternteils gem. § 2270 Abs. 2 BGB als Schlusserbe eingesetzt wurde.[270]

Das BayObLG[271] stellt in einer seiner Entscheidungen, in der das Stiefkind in einem Einzeltestament als Erbe eingesetzt wurde, klar, dass die Vorschrift in diesen Fällen jedoch weder direkt noch entsprechend angewandt werden könne, sondern eine individuelle Auslegung erfolgen müsse, da der Bedachte nicht zu den Abkömmlingen des Erblassers gehört.[272] Eine Begründung für diese Auffassung wird nicht gegeben, weder in der aktuellen Entscheidung noch in früheren Urteilen, auf die das BayObLG verweist.[273]

Allerdings ist in diesem Zusammenhang darauf hinzuweisen, dass eine analoge Anwendung wohl schon deshalb nicht in Betracht kommt, da es diesbezüglich schon an der Planwidrigkeit der erforderlichen Regelungslücke fehlt. Dem Gesetzgeber war diese Konstellation während des Gesetzgebungsverfahrens nämlich (zumindest teilweise) bewusst und so wurde damals beantragt, den Kreis der Abkömmlinge des Erblassers auch auf Abkömmlinge anderer Personen zu erweitern, dem Antrag wurde jedoch nicht stattgegeben.[274]

Die von der Rechtsprechung über die ergänzende Testamentsauslegung zum Teil konstruierte Ersatzerbenstellung von Stiefkindern und deren Abkömmlingen wird in der Literatur zum Teil sehr kritisch gesehen.[275] Danach kann nicht automatisch angenommen werden, dass die Erbeinsetzung einer nahestehenden Person, die dann im Ergebnis auch dazu führen soll, dass bei deren Vorversterben, deren Abkömmlinge, auch wenn sie kei-

---

268 BGH, FamRZ 2001, 993; BGH ZEV 2001, 237 ff; BayObLG FamRZ 1991, 234; ZEV 1999, 353, 355; KGJ 51, 101; LG Berlin FamRZ 1994, 785; Hausmann, DNotZ 2011, 602, 617; Muscheler, FamRZ 2004, 913, 918.

269 BayObLG, FamRZ 1988, 986; BayObLG, FamRZ 1993, 1496; OLG Frankfurt, FamRZ 1996, 829, 830; BayObLG, FamRZ 2000, 58, 59; MüKo/Leipold, § 2069, Rn. 5. 32; Bengel/Reimann, Beck´sches Notarhandbuch, Rn. 53; Muscheler, StAZ 2006, 189, 194; Perkams, ZEV 2005, 510.

270 An diese Schlusserbeneinsetzung ist der überlebende Stiefelternteil im Übrigen gem. § 2271 Abs. 2 BGB gebunden. Denn nach § 2270 Abs. 2 BGB ist im Zweifel die Wechselbezüglichkeit dieser Verfügung anzunehmen, wenn dem einen Ehegatten von dem anderen eine Zuwendung gemacht und für den Fall des Überleben des Bedachten eine Verfügung zugunsten einer Person getroffen wird, die mit dem anderen Ehegatten verwandt ist, was zur Unwiderruflichkeit nach dem Tod des leiblichen Elternteils führt.

271 s. dazu BayObLG, FamRZ 2005, 840.

272 Staudinger/Otte, § 2069, Rn. 3; MüKo/Leipold, § 2069, Rn. 35.

273 s. dazu Staudinger/Otte, § 2069, Rn. 3, 26; BGH, NJW 1973, 242; BayObLG, FamRZ 1997, 641, 642; NJW-RR 2006, 1597; In einem solchen Fall ist jedoch durch – notfalls ergänzende – Auslegung zu ermitteln, ob in der Erbeinsetzung des Stiefkinds nicht zugleich die Kundgabe des Willens liegt, die Abkömmlinge des Stiefkinds als Ersatzerben zu berufen; dies wird bei der Einsetzung von dem Erblasser „nahestehenden" Personen regelmäßig angenommen, vgl. BayObLG, ZEV 2005, 528, 529; OLG München, FamRZ 2008, 306; Palandt/Weidlich, § 2069, Rn. 8 ff.; MüKo/Leipold, § 2069, Rn. 34, jeweils m.w.Nachw.

274 Mugdan, Band V, 531.

275 Perkams, ZEV 2005, 510.

ne Abkömmlinge des Erblassers sind, wie das bei Stiefkindern der Fall ist, immer auch unter dem Gesichtspunkt bedacht wurden, dass nicht nur diese einzelnen Person, nein auch der ganze ihr nachfolgende Stamm erben soll. Es besteht damit die Gefahr, dass die ergänzende Auslegung zur Folge hat, dass Personen bedacht werden, die der Erblasser eben gerade nicht im Auge hatte und somit eine Enterbung der gesetzlichen Erben, die durch das Testament herbeigeführt wurde, aufrecht zu erhalten.[276]

Dieser Ansicht kann so nicht gefolgt werden. Gerade in den geschilderten Fällen, in denen eine direkte Anwendung von § 2069 BGB ausscheidet, weil der Erblasser eben keinen Abkömmling bedacht hat[277], ist durch Auslegung zu ermitteln, ob in der Einsetzung des Erben zugleich die Kundgabe des Willens gesehen werden kann, die Abkömmlinge des Bedachten zu Ersatzerben zu berufen. Für den Fall, dass es sich bei dem Bedachten um einen nahen Angehörigen des Erblassers, insbesondere um dessen Ehegatten oder Lebensgefährten handelt, ist aufgrund der Lebenserfahrung meist davon auszugehen, dass die Erbeinsetzung des nahen Angehörigen auch zu einer Ersatzerbenstellung seiner Abkömmlinge führen sollte.[278]

Was die übrigen gesetzlichen Regelungen und den Interpretationsspielraum der Rechtsprechung angeht, ist leider mit Enttäuschung festzustellen, dass im Bereich des Erbrechts des Stiefkindes keine Möglichkeit besteht, die de lege lata geltenden Regelungen auszulegen, um auf die erbrechtlichen Bedürfnisse dieser Personen ausreichend zu reagieren.Auch eine analoge Anwendung von § 1924 Abs. 1 BGB auf Stiefkinder kommt nicht in Betracht.

Selbst wenn man eine Regelungslücke hinsichtlich des gesetzlichen Erbrechts der Stiefkinder nach ihrem Stiefelternteil bejaht, so fehlt es doch an der Planwidrigkeit dieser Regelungslücke.

Wie oben bereits erwähnt, ist die Patchwork – oder Stieffamilie kein neuartiges Phänomen, sondern war bereits bei Schaffung des BGB eine gängige Familienform.

Neu ist dabei höchstens, dass diese Familien immer häufiger nichtehelich zusammenleben.

Das gesetzliche Erbrecht der Abkömmlinge und die Aussparung von Stiefkindern beruhen damit auf einer willentlichen Entscheidung des Gesetzgebers.

In diesem Zusammenhang darf ebenfalls nicht außer Acht gelassen werden, dass das ältere deutsche Recht das Institut der Einkindschaft kannte und dadurch eine unmittelbare und selbstständige familienrechtliche Beziehung zwischen Stiefeltern und Stiefkindern schuf. So wurde zwischen dem neuen Ehepartner (in der Regel war es die neue

276 Perkams, ZEV 2005, 510, 512; Soergel/Loritz, § 2069, Rn. 32, der sich im Ergebnis gegen eine analoge Anwendung von § 2069 BGB ausspricht; seiner Meinung nach kann die ergänzende Auslegung zu einem Nachrücken der Abkömmlinge des nahestehenden Dritten führen.

277 BGH, NJW 1973, 240, 242; BayObLGZ 1988, 165, 167 = NJW 1988, 2744; BayObLG, NJWE-FER 1997, 36 = FamRZ 1997, 641, 642.

278 KG, MDR 1954, 39; OLG Frankfurt a.M., NJW-RR 1996, 261 = FamRZ 1996, 829, 830; vgl. auch BayObLGZ 1988, 165, 170 = NJW 1988, 2744; BayObLG, NJW-FER 1999, 214, 215.

Ehefrau) und den Kindern aus der vorhergehenden Ehe des Mannes ein Vertrag geschlossen, mit dem diese Kinder behandelt werden sollten, als ob sie Kinder der neuen Ehe seien.[279] Rechtlich bedeutete dies die Gleichstellung der Kinder, die gemeinsam in einer Familie aufwuchsen, egal, ob sie aus der ersten oder einer weiteren Ehe stammten, und zwar auch erbrechtlich.[280] Dieses Institut wurde nicht in das BGB übernommen.

Auch wenn dem Gesetzgeber immer noch das Idealbild der (zweit-)ehelichen Familie, in der sich die beiden rechtlichen Eltern eines Kindes auch nach Trennung oder Scheidung so gut verstehen, dass sie das Sorgerecht gemeinsam ausüben und ihrer Pflicht nachkommen, zusammen Verantwortung für ihr Kind auch nach ihrem Tod zu übernehmen, vorschwebt[281], so hat er dennoch bewusst auf eine erbrechtliche Regelung zugunsten von Stiefkindern verzichtet, was eine analoge Anwendung von § 1924 BGB ausschließt.

8. § 2333 BGB

Und auch im Rahmen der Erbrechtsreform von 2010 hat der Gesetzgeber das Stiefkind nicht völlig außer Acht gelassen.[282]

So wurde der Personenkreis des § 2333 Abs. 1 BGB dahingehend erweitert, dass nun auch das Stiefkind in den Schutzbereich des Paragraphen mit aufgenommen wurde. Denn der Gesetzgeber nimmt an, dass die Verletzung dieser Personen den Erblasser in derselben Weise trifft wie ein Angriff gegen die Familienmitglieder, die bereits vor der Reform von § 2333 Abs. 1 BGB erfasst waren.[283] Das Pflichtteilsrecht ist Ausdruck der Familiensolidarität und des Familienschutzes.[284] Die Aufnahme von Stiefkindern in § 2333 Abs. 1 BGB zeigt demzufolge, dass auch diese Kinder als Familienangehörige in den Schutzbereich der Familie und damit in den Schutzbereich des Pflichtteilsrechts fallen. Aus diesem Grund soll der Erblasser berechtigt sein, einem Berechtigten den Pflichtteil zu entziehen, wenn er die gebotene Familiensolidarität dadurch verletzt, dass er einer dem Erblasser nahestehenden Person gegenüber, z. B. seinem Stiefkind, den Tatbestand von § 2333 Abs. 1 Nr. 1, 2 BGB erfüllt.

---

279 Heinz, FuR 2014, 405, 407; Böhmer, Stiefkind, S. 11; Zöpfl, Deutsche Rechtsgeschichte 1872, S. 135.

280 Drischmann, Das Sorgerecht in Stieffamilien, S. 77.

281 so auch Löhning, Das Kind zwischen Herkunftsfamilie und neuer Familie eines Elternteils, S. 171 im Zusammenhang mit den Änderungen im Familienrecht.

282 BT-Drucksache 16/8954, S. 23.

283 BT-Drucksache 16/8954, S. 23.

284 MüKo/Lange, § 2303, 5. Auflage 2010, Rn. 2; Zacher, Pflichtteil und intergenerationelle Solidarität, S. 149.

VIII. Kapitel: Reichen die gesetzlichen Regelungen zum Erbrecht des Stiefkindes aus?

Die Regelungen, die das Gesetz de lege lata für das Erbrecht des Stiefkindes bereithält, sind wohl eher dürftig. Mithin stellt sich die Frage, ob diese Regelungen genügen oder ob sich angesichts der Änderungen der familiären Gegebenheiten und der Pluralisierung der Familienformen nicht die Pflicht des Gesetzgebers aufdrängt, Stiefkinder durch das Gesetz erbrechtlich zu begünstigen.

1. § 1969 BGB

§ 1969 BGB eröffnet dem Stiefkind zwar einen schuldrechtlichen Anspruch im Wege des Vermächtnisses und gewährt ihm so einen dreißigtägigen Schutz in Bezug auf Unterhalt und Nutzung der Wohnung. Betrachtet man in diesem Zusammenhang die Grundlage dieser Begünstigung, so muss festgehalten werden, dass diese weder im familienrechtlichen Status noch im Unterhaltsrecht zu suchen ist, denn nicht nur Familienangehörige im Sinne des Personenstandsgesetzes sind anspruchsberechtigt.[285] Vielmehr berücksichtigt § 1969 BGB auch die faktische familiäre Realbeziehung und weist an dieser Stelle erneut einen Bezugspunkt des Gesetzgebers zu diesen Beziehungen aus.

Der Schutz des § 1969 BGB stellt sich jedoch angesichts der doch sehr kurz gefassten Frist als marginal und nicht ausreichend genug dar, um das Stiefkind nach dem Tod seines Stiefelternteils angemessen abzusichern.

2. Stiefkindadoption

Die Einführung eines gesetzlichen Erbrechts des Stiefkindes gegen seinen Stiefelternteil könnte indes nicht notwendig sein, weil dem Stiefelternteil, zumindest dem ehelichen, die Möglichkeit gegeben ist, sein Stiefkind als einseitiges Kind seines Ehegatten zu adoptieren und ihm so zu einem gesetzlichen Erbrecht zu verhelfen.

So besteht durch das Institut der Stiefkindadoption bereits die Möglichkeit, aus der Stiefkindschaft auch erbrechtlich ein echtes Eltern-Kind-Verhältnis zu machen und so die rechtlich gewünschten Beziehungen herbeizuführen, bestenfalls eine de facto bereits existierende soziale Beziehung in eine neue, eine rechtliche Form zu kleiden. Das Kind erhält dann gegenüber seinem früheren Stiefelternteil ein gesetzliches Erbrecht.[286]

Dieses Ergebnis bzw. diese Vorgehensweise überzeugen nicht.

Der Weg über die Stiefkindadoption zu einem gesetzlichen Erbrecht zu gelangen, ist nicht nur wenig zufriedenstellend, sondern geht auch am eigentlichen Zweck vorbei. Der eigentliche Zweck der Minderjährigenadoption ist es, dem Adoptivkind eine Familie zu geben, da es ansonsten ohne Eltern aufwachsen müsste. Das Stiefkind hat in der Regel

---

285 so auch Windel, Über die Modi der Nachfolge in das Vermögen einer natürlichen Person beim Todesfall, S. 325.

286 s.o. Kapitel VII., 2.2.

jedoch bereits Eltern. Es ist in den überwiegenden Fällen keinem Zustand von Elternlosigkeit und sozialer Fürsorgebedürftigkeit ausgesetzt. Es gewinnt durch die Adoption lediglich einen neuen Elternteil hinzu, wodurch sich meist an der tatsächlichen Lebenssituation nichts ändert.

Mithin stellt sich sogar die Frage, ob ein Großteil der Stiefkindadoptionen entbehrlich wäre, wenn das Verhältnis zwischen Stiefkindern und Stiefeltern noch umfassender gesetzlich geregelt würde.

Zwar ist es richtig, dass eine Stiefkindadoption nicht deshalb notwendig ist, um eine rechtliche Besserstellung des Stiefkindes zu erreichen. Denn viele der Rechtsfolgen, die eine solche Adoption mit sich bringt, können durch den Stiefelternteil auch ohne die Annahme des Kindes erzielt werden.[287]

So wurde bereits auf das kleine Sorgerecht des § 1687 b Abs. 1 BGB hingewiesen. Und auch eine gewünschte erbrechtliche Beteiligung des Stiefkindes nötigt nicht zu einer Adoption. Es verbleibt die Möglichkeit der letztwilligen Verfügung zugunsten des Stiefkindes.

In der ganzen Diskussion darf nicht vergessen werden, dass eine Adoption eine lebenslange elterliche Verantwortung, rechtlich und sozial, mit sich bringt. Diese endet nicht mit der Beendigung der Stiefehe. Dieser entscheidende Punkt wird von den adoptierenden Stiefeltern oft nicht in ausreichendem Maße berücksichtigt. Dies beweisen schon die zahlreichen Entscheidungen, in denen der Stiefelternteil – erfolglos – versucht hat, die Adoption vor Gericht rückgängig zu machen.[288]

Daraus wird deutlich, dass die Adoption des Stiefkindes in den meisten Fällen nicht aus Gründen des Kindeswohls bzw. deshalb angestrebt wird, um dem Kind eine unterhalts – und erbrechtliche Absicherung zu verschaffen. Nicht selten wird sie dazu genutzt, den leiblichen Elternteil aus seiner Elternrolle zu verdrängen und dem Stiefelternteil eine eigene, nicht nur soziale, sondern auch rechtliche Elternposition zu verschaffen. Dabei spielen aber wohl eher die Rechte eine Rolle, die der Stiefelternteil aufgrund der Adoption im Zusammenhang mit seiner Elternrolle hinzugewinnt, als die rechtlichen Folgen, die sich für das (ehemalige) Stiefkind ergeben. Die Motivation liegt hierbei wohl meistens in der Einwirkungsmöglichkeit auf das Sorge – und Umgangsrecht.

Oftmals steht hinter dem Bestreben der Verrechtlichung der Stiefeltern-Stiefkind-Beziehung auch der Wunsch des leiblichen Elternteils (meist der Mutter), der mit dem Stiefelternteil in einer Beziehung lebt, nach einer richtigen Familie, vor allem auch im Hinblick auf den gemeinsamen Namen.

Natürlich gibt es auch Fälle, in denen das Stiefkind nicht nur dem leiblichen Elternteil zuliebe adoptiert wird, z. B. dann, wenn der Stiefelternteil seit der Geburt oder zumindest ab einem sehr frühen Zeitpunkt eine Eltern-Kind-Beziehung zu dem Kind aufgebaut hat, was der Fall sein dürfte, wenn der leibliche Vater nicht bekannt oder bereits

287 Frank, StAZ 2010, 324, 325.

288 OLG Köln, 12.1.2009 = FamRZ 2009, 1692; OLG Oldenburg, 10.9.2003 = FamRZ 2004, 399; BayObLG, 25.3.1999 = FamRZ 2000, 768; BayObLG, 28,11,1979 = BeckRS 2010, 21326;

verstorben ist. Bei diesen Konstellationen kann es durchaus auch aus Kindeswohlgründen sinnvoll sein, das Stiefkind zu adoptieren und so zu einem „eigenen Kind" zu machen.

Doch auch in diesen Fällen wäre eine Adoption nicht mehr zwingend notwendig, wenn die rechtlichen Folgen auch auf eine andere Art herbeigeführt werden könnten bzw. durch das Gesetz geregelt wären.

Zudem stellen diese Fälle wohl nicht den Regelfall dar, weshalb der Stiefkindadoption auch unter Berücksichtigung psychosozialwissenschaftlicher Erkenntnisse im Hinblick auf das erhöhte Risiko des Scheiterns von Stieffamilien erhebliche Zweifel entgegenstehen.

Auch stellt sich das Problem, dass die Adoption, so lange das Kind minderjährig ist, nur mit Einwilligung des nichtsorgeberechtigten anderen leiblichen Elternteils vollzogen werden kann, vgl. § 1747 Abs. 1 BGB. Dieser wird, sofern er eine persönliche Bindung zu dem Kind hegt, diese Einwilligung in der Regel verweigern. Eine Ersetzung der Einwilligung ist jedoch nur durch das Gericht möglich und kommt auch nur dann zum Tragen, wenn die strengen Voraussetzungen des § 1748 BGB gegeben sind. [289]

Aus diesem Grund sollten Stiefkindadoptionen mehr den Ausnahmefall als die Regel unter den Adoptionen Minderjähriger bilden. Sie sollten angesichts der sich in der Literatur und Rechtsprechung[290] herauskristallisierenden Meinungen zum Kindeswohlprinzip nur noch in sehr seltenen Fällen dekretiert werden.[291]

Auch wenn es viele Gründe gibt, die gegen die Stiefkindadoption an sich sprechen, so stellt sich der Umstand, dass die Stiefkindadoption und damit die Möglichkeit der Verrechtlichung der sozialen Eltern-Kind-Beziehung trotz der Zunahme nichtehelicher Stieffamilien immer noch nur der ehelichen Stieffamilie offenstehen, als extrem unbefriedigend dar. Der nichtehelichen Stieffamilie bleibt der Weg versperrt.

Die Rechtsentwicklung im Ausland tendiert in dieser Hinsicht jedoch dazu, auch die personale Beziehung in der nicht formalisierten Stieffamilie gesetzlich zu regeln und die soziale Elternschaft der rechtlichen anzugleichen. So sind uns einige Länder in Europa einen Schritt voraus. Schweden, die Niederlande, Belgien, England und Spanien ermöglichen es auch dem nichtehelichen Stiefelternteil, seine faktische familiäre Beziehung zu seinem Stiefkind durch eine Adoption als statusbegründenden Akt zu verrechtlichen.[292]

Wie bereits mehrfach betont, sollten die Kinder, die in nichtehelichen Partnerschaften leben, den gleichen Schutz genießen, wie Kinder, die in einer durch Ehe formalisierten

[289] vgl. BGH, 23.3.2005 = FamRZ 2005, 891, 892; BVerfG 29.11.2005 = FamRZ 2006, 94, 95: Es kann nicht ohne weiteres angenommen werden, dass die Adoption durch den Stiefvater „in aller Regel dem Wohl des Kindes dient".

[290] BGH, NJW 2005, 1781.

[291] Wilke, Adoption, S. 191.

[292] vgl. hierzu Röthel, StAZ 2006, 34, 37 ff, Wilke, Adoption, S. 149.

Familie aufwachsen, da ihnen im Gegensatz zu den Eltern die Entscheidung, in welcher Familienform sie aufwachsen und leben wollen, meist nicht freisteht.[293]

Spricht sich trotz der genannten Probleme die überwiegende Meinung in der Literatur im Ergebnis gegen eine gesetzliche Regelung des Erbrechtes für Stiefkinder aus, so sollten diese Stimmen zumindest erwägen, angesichts der Zunahme von nichtehelichen Lebensgemeinschaften, auch dieser Familienform den Weg der Stiefkindadoption zu eröffnen.[294] In diesem Zusammenhang sollte es um die Elternschaft an sich gehen. Kategorien wie ehelich und nichtehelich gilt es dabei zu vernachlässigen. Allein die Qualität der familiären Realbeziehung sollte ausschlaggebend sein.

Die Minimallösung wäre es, die Stiefkindadoption auch nichtehelichen Lebensgemeinschaften für den Fall zu gestatten, dass der andere leibliche Elternteil verstorben oder unbekannt ist.[295] Fraglich ist auch, ob eine Pflicht hierzu nicht schon aus Art. 6 Abs. 1 GG resultiert.

3. § 2333 BGB

Zwar ist im Bereich des Pflichtteilsrechts, namentlich bei § 2333 Abs. 1 Nr. 1 BGB, ein kleiner Fortschritt in Bezug auf die Berücksichtigung familiärer Realbeziehungen zu verzeichnen, in der Weise, dass das Stiefkind und der nichteheliche Lebenspartner nun zu den dem Erblasser nahestehenden Personen gezählt werden. Hierbei handelt es sich aber eher um eine Randbemerkung als um eine tatsächliche Revolution im Bereich der faktischen familiären Beziehungen. Auch führt diese Neuerung nicht zu einer Ausdehnung der erbrechtlichen Ansprüche des Stiefkindes.

4. § 1371 Abs. 4 BGB

§ 1371 Abs. 4 BGB soll dem Stiefkind nach dem Tod seines leiblichen Elternteils eine Grundversorgung vor allem im Hinblick auf seine Ausbildung sichern. Der Anspruch ist zwar gesetzessystematisch im Güterrecht der Ehegatten angesiedelt, gewährt tatsächlich aber einen durch den Erbfall eintretenden Ausgleich, weshalb wohl von einem Mischcharakter des Anspruchs auszugehen ist.

In der Realität sowie in der gerichtlichen Praxis scheint § 1371 Abs. 4 BGB wohl eher eine untergeordnete Rolle zu spielen. Es fehlen gerichtliche Entscheidungen jüngeren Datums und auch die wissenschaftlichen Abhandlungen hierzu sind bereits älter. So kommt dem Anspruch in der Theorie zwar scheinbar enorme Bedeutung zu, die Fälle in der Praxis, in denen sich die Situation tatsächlich so gestaltet, dass das Stiefkind seinen Stiefelternteil auf den Ausbildungsunterhalt gem. § 1371 Abs. 4 BGB verklagen muss, weisen dagegen wenig Relevanz auf.

[293] Es stellt sich in diesem Zusammenhang sogar die Frage, ob das gesamte Institut der Stiefkindadoption aufgrund der Tatsache, dass es nur ehelichen Stiefeltern zur Verfügung steht, nicht gegen Art. 2 UN-KRK verstößt, der jegliche Diskriminierung von Kindern aufgrund des Status der Eltern verbietet.

[294] Befürwortend: Dethloff, ZRP 2004, 195, 198.

[295] so auch Wellenhofer, AnwBl 2008, 559, 564; Dethloff, Nichteheliche Lebensgemeinschaften und Kinder, S. 151.

Möchte man den Mangel an gerichtlichen Entscheidungen deuten, so könnte man annehmen, die Anspruchsberechtigten wüssten gar nicht, dass solch eine Norm existiert. Viel eher drängt sich dagegen die Vermutung auf, dass ein gerichtliches Vorgehen wohl in den meisten Fällen nicht notwendig ist, da die gesetzliche Regelung nicht den tatsächlichen Gegebenheiten entspricht und die Versorgung des Stiefkindes und damit auch die Finanzierung der Ausbildung für den überlebenden, nicht leiblichen Elternteil genauso selbstverständlich ist wie der Unterhalt für die gemeinsamen aus der Ehe stammenden Abkömmlinge. Für diese Tatsache spricht auch, dass das Fehlen eines gesetzlichen Unterhaltsanspruchs des Stiefkindes gegenüber seinem Stiefelternteil zwar immer mehr beklagt wird, gleichzeitig aber auch darauf verwiesen wird, dass in der Realität in den meisten Fällen bereits Unterhalt auf freiwilliger Basis gewährt wird, zumindest dann, wenn das Stiefkind mit in der Familie lebt, was wohl auf die Familiensolidarität, die sich auch auf Stieffamilien erstreckt, zurückzuführen ist.

Zwar sichert § 1371 Abs. 4 BGB dem Stiefkind die Mittel für eine angemessene Ausbildung, mehr aber auch nicht.

Des Weiteren hängt auch dieser Anspruch einmal mehr ab von der Ehe zwischen leiblichem Elternteil und Stiefelternteil. Stammt das Stiefkind jedoch aus einer nichtehelichen Lebensgemeinschaft, so kann es auch den Anspruch aus § 1371 Abs. 4 BGB nicht geltend machen.

Schon allein aus diesem Grund genügt § 1371 Abs. 4 BGB nicht, um dem Stiefkind eine ausreichende erbrechtliche Absicherung zu gewähren.

Und auch wenn ein solcher Anspruch zum Tragen kommt, so soll dieser Anspruch das Stiefkind doch nach dem Tod seines leiblichen Elternteils finanziell absichern. Doch was ist, wenn der Stiefelternteil verstirbt, noch bevor die Ausbildung beendet ist? Zwar geht der Anspruch dann als Nachlassverbindlichkeit auf die Erben über, jedoch bleibt zu befürchten, dass es im Rahmen der Erbauseinandersetzung zu Schwierigkeiten kommen kann, die die finanzielle Situation für das Stiefkind erheblich erschweren und dessen Ausbildung gefährden können.

Zudem besteht der Anspruch nur dann, wenn der überlebende Ehegatte bzw. Lebenspartner sowie der einseitige Abkömmling gesetzlicher Erbe werden oder wenn der Ehegatte bzw. der Lebenspartner aufgrund einer gesetzlichen Verfügung erbt, die das Gesetz nur wiederholt (§ 2066 S. 1 BGB). Ein Ehegatte bzw. Lebenspartner, der aufgrund einer Verfügung von Todes wegen erbt, ist, selbst wenn er mehr als das „Zusatzviertel" erhält, nicht zur Finanzierung der Ausbildung verpflichtet.

Würde man dem Stiefkind einen gesetzlichen Erbanspruch nach seinem Stiefelternteil einräumen, so könnte man diese Problematik umgehen.

Zudem übernimmt in der Regel der Pflichtteil nach dem Tod des Erblassers dessen Unterhaltspflichten als „Korrelat zur Unterhaltspflicht unter Lebenden".[296] Bei § 1371

[296] Gernhuber, FamRZ 1960, 326, 329.

Abs. 4 BGB ist dies jedoch nicht der Fall, da dem Stiefkind de lege lata kein Pflichtteilsanspruch gegen seinen Stiefelternteil zusteht.

5. Gewillkürte Erbfolge

Lässt man die vereinzelten Möglichkeiten der gesetzlichen Teilhabe von ehelichen Stiefkindern am Nachlass ihrer Stiefeltern außer Betracht, so verbleibt neben der Adoption nur der Weg über die gewillkürte Erbfolge.

Das Argument, man könne die Teilhabe der Stiefkinder am Erbe durch eine letztwillige Verfügung sicherstellen, kann insofern jedoch nur wenig überzeugen, dass dabei nicht gesehen wird, dass die gewillkürte Erbfolge im Gegensatz zur gesetzlichen in der heutigen Zeit immer noch einen untergeordneten Stellenwert besitzt. Zwar kommt der Gestaltungsfreiheit im Erbrecht im Vergleich zu den Zeiten, in denen das BGB geschaffen wurde, insgesamt immer mehr an Bedeutung zu, gerade auch deshalb, weil dadurch der heutigen Familienrealität eher entsprochen werden kann,[297] insgesamt unterliegen aber dennoch ca. 80 % der Erbfälle der gesetzlichen Erbfolge.[298] So verlässt sich ein Großteil der Erblasser auf den Gerechtigkeitswert der gesetzlichen Erbfolge.

Auch entbindet die Möglichkeit, die gesetzliche Erbfolge durch letztwillige Verfügungen zu korrigieren, den Gesetzgeber gerade aufgrund des sozial-familiären Wandels nicht von seiner Pflicht, bei der Ausgestaltung des gesetzlichen Erbrechts den Belangen von Stiefkindern gebührend Rechnung zu tragen.

Des Weiteren versagt die gewillkürte Erbfolge an vielen Stellen als Mittel, die Erbfolge von Stiefkindern zu sichern. So kann der kinderlose Stiefvater sein Stiefkind zwar als Erbe einsetzen, sofern jedoch dessen Eltern bei seinem Tod noch am Leben sind, fällt diesen die Hälfte des Nachlasses als nicht zu entziehender Pflichtteil zu. Aus diesem Beispiel wird deutlich, dass das Pflichtteilsrecht de lege lata immer zu einer erbrechtlichen Benachteiligung von Stiefkindern führt.

De lege ferenda könnte man an eine Nachrangigkeit des Pflichtteilsrechts der Eltern des Erblassers bei Erbeinsetzung der Stiefkinder denken. Vor allem deshalb, weil seit Längerem darüber diskutiert wird, den Pflichtteilsanspruch der Eltern zu reformieren bzw. sogar abzuschaffen.[299]

6. Gesetzliches Erbrecht des Stiefkindes aufgrund wahrheitswidriger Anerkennung der Vaterschaft

Der Anspruch auf eine gesetzliche Teilhabe am Nachlass des Stiefelternteils, der dem Stiefkind infolge einer wahrheitswidrigen Anerkennung der Vaterschaft durch seinen Stiefvater bzw. aufgrund der Ehe zwischen leiblicher Mutter und Stiefelternteil zum Zeitpunkt der Geburt des Kindes zusteht, kann in keiner Weise als ausreichend genug ange-

297 Reimann, Familienerbrecht und Testierfreiheit, S. 34.

298 Röthel, Familienrechtlicher Status und Solidarität, S. 97, Fn. 55.

299 Dauner-Lieb, DNotZ 2001, 460, 465; Henrich, DNotZ 2001, 448; Martiny, Gutachten A zum 64. DJT, A 100 ff.; Klingelhöffer, ZEV 2002, 293, 295.

sehen werden, um dem Stiefkind zu einer erbrechtlichen Besserstellung gegenüber seinem Stiefelternteil zu verhelfen.

Zwar kann aufgrund fehlender Zahlen hierzu nichts Genaues über die tatsächliche Anzahl solcher Fälle gesagt werden. Es liegt jedoch die Vermutung nahe, dass ein Missbrauch der Vaterschaftsanerkennung bzw. die Ehe zwischen leiblicher Mutter und Stiefvater in einigen Fällen dazu genutzt werden, nicht den komplizierten Weg der Adoption gehen zu müssen. Ob dabei überhaupt auch die Kindeswohlinteressen eine Rolle spielen oder nur die Aussperrung des tatsächlichen leiblichen Vaters aus seiner Elternrolle im Vordergrund steht, kann so einfach nicht beantwortet werden. Dabei hilft auch die Entscheidung des BVerfG nicht weiter, das sich darauf beruft, dass eine Vaterschaftsanerkennung im Allgemeinen nicht leichtfertig abgegeben werde und ein Missbrauch erst vor dem Hintergrund der öffentlich-rechtlichen Folgen ins Spiel komme.[300]

7. Zusammenfassung

Zusammenfassend lässt sich sagen, dass die Regelungen, die das Gesetz de lege lata für das Stiefkind bereithält, nicht genügen, um eine ausreichende erbrechtliche Absicherung dieser Personen zu gewährleisten.

Vor allem im Hinblick darauf, dass die Adoptionsmöglichkeit von Stiefkindern nur dem Ehepartner des leiblichen Elternteils zusteht, besteht, möchte man trotz der aufgezeigten Nachteile an diesem Institut festhalten, diesbezüglich Reformbedarf.

Sieht man die Hauptfunktion des Status der dafür notwendigen Ehe, unabhängig von seiner Konzeption darin, das Verhältnis der beteiligten Personen entweder unverrückbar festzuschreiben oder zumindest stark zu stabilisieren[301], so tauchen in diesem Zusammenhang bei der nichtehelichen Lebensgemeinschaft zwar Fragen auf: Haben sich die nichtehelichen Lebenspartner nicht gerade deshalb für eine solche Lebensform entschieden, weil sie eben keine automatische Verrechtlichung ihrer Partnerbeziehung wollten oder ist diese Lebensform vielmehr nur ein Durchgangsstadium auf dem Weg zur Ehe und in etwa vergleichbar mit der Verlobung?

Auch wenn diese Frage nicht generell und einheitlich beantwortet werden kann, so kann aber wohl davon ausgegangen werden, dass sich die Partner ihrer Entscheidung bewusst waren, eben keine Ehe eingehen zu wollen und mit dieser Entscheidung auch die rechtlichen Konsequenzen tragen müssen.

Etwas anderes gilt jedoch für die Kinder, die in einer solchen nichtehelichen Stieffamilie leben, denn diesen Kindern wird meist, im Gegensatz zu ihren Eltern, keine Wahl bleiben, ob sie in einer ehelichen oder in einer nichtehelichen Stieffamilie leben.

Nichtsdestotrotz hat der Gesetzgeber auch wegen Art. 6 Abs. 1 GG die Pflicht, diese in der nichtehelichen Stieffamilie gelebten Beziehungen rechtlich abzusichern.

300 BVerfGE 108, 82, 111; Windel, Status und Realbeziehung, S. 22.

301 so auch Windel, Status und Realbeziehung, S. 11 ebenso wie Frank, FamR (2008), Rn. 65.

So hat das Bundesverfassungsgericht ausgeführt, eine Stiefkindadoption diene in der Regel dazu, die tatsächlich gelebte familiäre Situation auch rechtlich mit allen Konsequenzen abzusichern. Eine solche rechtliche Absicherung könne „im Interesse des Kindes liegen".[302]

Aus diesem Grund ist unbedingt zu empfehlen, auch dieser Familienform den Weg der Stiefkindadoption zu eröffnen.

Angesichts der eben aufgezeigten soziokulturellen Entwicklung in Deutschland – Pluralisierung der Lebensformen, Bedeutungsverlust von Verwandtschaft, Bedeutungszuwachs der nichtehelichen Lebensgemeinschaft bzw. der nichtehelichen Stieffamilie – muss die rechtspolitische Frage, ob die dringende Notwendigkeit besteht, das Stiefkind im Erbrecht noch stärker zu berücksichtigen, neu überdacht werden.

Die Voraussetzungen, die dafür notwendig sind, sollen im Folgenden erörtert werden.

302 BVerfG, NJW 1995, 2155, 2157.

IX. Kapitel: De lege ferenda: Voraussetzungen für ein künftiges gesetzliches Erbrecht des Stiefkindes

Grundsätzlich stehen zwei Möglichkeiten zur Verfügung, dem Stiefkind zu einem gesetzlichen Erbrecht zu verhelfen. Zum einen könnte man die Stiefkindschaft als eigenen Status anerkennen und entsprechend rechtlich auszuformen. Auf der anderen Seite gilt es zu untersuchen, ob tatsächlich gelebte Realbeziehungen in Zukunft auch im Erbrecht stärker berücksichtigt werden sollen und dem Stiefkind über diesen Weg zu einem gesetzlichen Erbrecht verholfen werden kann.

1. Verfassungsrechtlicher Rahmen

Verfassungsrechtlich müssen alle Reformüberlegungen aufgrund der Ausgestaltung des Erbrechts als Institutsgarantie wie als Individualgrundrecht Art. 14 Abs. 1 GG standhalten[303], wobei diese Institutsgarantie inhaltliche Grundaussagen einer verfassungsrechtlich verbürgten Nachlassverteilung vermittelt.[304] Was Inhalt und Schranken eines zukünftigen Gesetzes angeht, ist der Gesetzgeber aufgrund Art. 14 Abs. 1 S. 2 GG relativ frei.[305] Er ist allerdings verpflichtet, den Wesensgehalt des Erbrechts zu erhalten. Ganz entscheidend ist hierbei der verfassungsrechtliche Schutz der (Stief-)Familie gem. Art. 6 Abs. 1 GG. Denn Art. 6 Abs. 1 GG enthält eine wertentscheidende Grundsatznorm für das gesamte die Familie betreffende private Recht.[306] Danach ist der Staat verfassungsrechtlich verpflichtet, die aus Eltern und Kindern bestehende Familiengemeinschaft sowohl im immateriell-persönlichen wie auch im materiell-wirtschaftlichen Bereich als eigenständig und selbstverantwortlich zu respektieren und zu fördern.[307] Die familiäre Verantwortlichkeit füreinander steht somit unter besonderem verfassungsrechtlichem Schutz. Die Nachlassteilhabe der Kinder ist Ausdruck einer gewissen Familiensolidarität. Art. 6 Abs. 1 GG schützt diese Familiensolidarität, und zwar auch im Hinblick auf die Stieffamilie.

Hinsichtlich der konkreten Ausgestaltung des Spanungsverhältnisses zwischen Testierfreiheit auf der einen und Familienschutz auf der anderen Seite hat der einfachrechtliche Gesetzgeber einen weiten Gestaltungsspielraum.

2. Gesetzliches Erbrecht des Stiefkindes aufgrund von Realbeziehungen: From status to relation? Tatsächlich gelebte Realbeziehungen als Anspruchsbegründung im Erbrecht

Wie bereits dargelegt, orientiert sich das gesetzliche Erbrecht de lege lata entweder am Status der Blutsverwandtschaft bzw. der Adoption.

---

303 s. hierzu auch Plettenberg, NZFam 2017, 889, 891.

304 BVerfG NJW 2005, 1561, 1563.

305 BVerfG NJW 2013, 2103, 2104.

306 BVerfG NJW 1957, 417.

307 BVerfG 1968, 2233.

Das Stiefkind geht jedoch im Fall des statusorientierten gesetzlichen Erbrechts in Bezug auf seinen Stiefelternteil weiterhin leer aus.

Insofern könnte man erwägen, dem Stiefkind aufgrund tatsächlich gelebter familiärer Solidarität ein gesetzliches Erbrecht zu zugestehen.

Aus diesem Grund lässt sich für das Erbrecht grundsätzlich – ebenso wie für das Familienrecht – die Frage stellen, ob man die Orientierung des Erbrechts der Abkömmlinge am familienrechtlichen Status zugunsten einer Orientierung an realen Beziehungen, also an tatsächlich gelebter (familiärer) Solidarität, aufgeben bzw. erweitern sollte, quasi from status to relation[308]. Dies würde bedeuten, dass man dem Stiefkind, das in der Familie des Stiefelternteils als „Kind" lebt, ein gesetzliches Erbrecht zugestehen könnte, wenn man die Stiefkindschaft als eine solche dem Status vergleichbare familiäre Position ansehen würde.

Dadurch würde der Grundsatz der Familien – und Verwandtenerbfolge nicht verletzt, das Verwandtenerbrecht würde nicht begrenzt, sondern erweitert.

Die grundsätzliche Entscheidung, das gesetzliche Erbrecht nicht nur an den gesetzlichen Status anknüpfen zu lassen, sondern auch tatsächlich gelebte Solidarität zu berücksichtigen, ist keine Frage, die sich erst in der heutigen Zeit stellt. Bereits Gottfried von Schmitt, der als Redakteur für das Erbrecht im BGB zuständig war, beschäftigte sich mit dieser Thematik. Für ihn war schon damals nicht eindeutig klar, ob das gesetzliche Erbrecht lediglich an die „einfache Blutsverbindung", mithin an die bloße rechtliche Beziehung kraft Verwandtschaft anknüpfen sollte oder ob nicht auch „Zusammengehörigkeitsbewusstsein und Familiensinn" – also tatsächlich gelebte Solidarität – eine Rolle spielen sollten.[309] Im Ergebnis forderte er eine Stärkung der Testierfreiheit. Nur so könne der gelebte Familienzusammenhalt mehr gefördert werden, als wenn sich das Familienerbrecht allein auf die Blutsverbindung stütze.[310]

Auch wenn die Kommission den Teilentwurf von von Schmitt fast unverändert übernommen hat, so wurde doch ausdrücklich festgelegt, dass eine Entscheidung über die ideellen Grundlagen des Erbrechts nicht getroffen werden sollte. So wurde die Frage nach der inneren Rechtfertigung der gesetzlichen Erbfolge nicht beantwortet.[311]

Erblickt man die Grundlage der gesetzlichen Familienerbfolge demzufolge in sozialen bzw. faktischen Tatsachen, wäre es nur konsequent, solidarische Familienbeziehungen, also sog. Realbeziehungen, stärker zu berücksichtigen und im familiären Bereich als Grundlage der gesetzlichen Erbfolge genügen zu lassen.

Natürlich darf man bei der generellen Frage der Berücksichtigung gelebter familiärer Solidarität nicht außer Acht lassen, dass sich die Partner einer nichtehelichen Lebensgemeinschaft womöglich bewusst gegen die Ehe und damit das Eingehen einer Statusbeziehung entschieden haben. Mit der Verrechtlichung der faktischen Solidarität wür-

308 Schwenzer, RabelsZ 71, 705, 712; Röthel, Familienrechtlicher Status und Solidarität, 110.

309 von Schmitt, Begründung, S. 591.

310 Mertens, Die Entstehung der Vorschriften des BGB über die gesetzliche Erbfolge, S. 36.

311 Röthel, Solidaritätskonzept und Statusorientierung des Erbrechts, S. 88.

de man diesen tatsächlichen Willen der Partner ignorieren und der Realbeziehung einen Teil ihrer Eigentümlichkeit aberkennen.

Auch wenn man einen Schutz der nichtehelichen Lebenspartner aufgrund ihrer bewussten Entscheidung gegen eine Verrechtlichung ihrer Beziehung ablehnt, so darf man doch die Situation der Kinder, die ihre Lebenssituation in den meisten Fällen nicht bewusst wählen, nicht ignorieren. Die Entscheidung der Eltern, sich zu trennen und eine neue Partnerschaft einzugehen, gleich ob ehelich oder nichtehelich, führt neben der Pluralisierung der Elternkonstellationen auch zu einer Neukonstituierung der Kindschaftsverhältnisse.

Durch die Einführung eines gesetzlichen Erbrechts auch für Stiefkinder würde man eine neue Kategorie von „Kindern" schaffen. Dabei drängt sich zuvorderst die Frage auf, warum solche Kinder zwar ein gesetzliches Erbrecht nach dem Tod des Stiefelternteils erhalten sollen, ihnen zu Lebzeiten aber ein gesetzlicher Unterhaltsanspruch verwehrt bleibt.[312]

Des Weiteren wäre zu überlegen, an welcher Stelle man die Stiefkinder in das System der erbrechtlichen Ordnungen (§§ 1924 ff. BGB) „einpflegt"? Um dem Gedanken der finanziellen Absicherung und der Wertschätzung der sozial-familiären Beziehung gerecht zu werden, müsste eine Gleichstellung mit den leiblichen Abkömmlingen des Stiefelternteils und damit eine Eingruppierung in die erste Ordnung erfolgen. Dies würde zwar eine immense Herabstufung der leiblichen Kinder darstellen, müssten sie doch zukünftig ihr Erbe mit eventuellen Halbgeschwistern teilen, wäre aber angesichts der geforderten herausragenden Stellung der sozial-familiären Beziehung nur konsequent.

Eine Einordnung in eine andere erbrechtliche Ordnung brächte nur eine subsidiäre abgeschwächte Erbenstellung des Stiefkindes mit sich und würde nicht den Sinn erfüllen, diese Kinder nach dem Tod ihres Stiefelternteils finanziell abzusichern.

Auch wenn eine Orientierung am solidarischen Familiengefüge und die damit einhergehende Erweiterung des Kreises der gesetzlich erbberechtigten Familienangehörigen durchaus in Erwägung zu ziehen sind, so muss die Frage, ob diese neue gesetzliche Erbfolge sich neben dem Status auch an realen familiären Beziehungen orientieren soll, nicht abschließend geklärt werden, wenn daneben auch die Möglichkeit besteht, für Stiefkinder einen eigenen rechtlichen Status zu schaffen, sie quasi statusrechtlich ihrem Stiefelternteil zuzuordnen und diesem Personenkreis damit zu einem gesetzlichen Erbrecht zu verhelfen.

3. Gesetzliches Erbrecht aufgrund eines eigenen Status

Das gesetzliche Erbrecht knüpft in Bezug auf die Abkömmlinge de lege lata an ein zwischen dem Erblasser und diesen Personen bestehendes Statusverhältnis, nämlich Verwandtschaft bzw. Adoption an und erhält dadurch seine innere Legitimation, vgl.

---

312 so auch in Bezug auf Ansprüche von Kindern nach ihrem leiblichen, aber nicht rechtlichen Vater, Plettenberg, NZFam 2017, 889, 891.

§§ 1924 BGB. Dieses Konzept begrenzt den Kreis der erbberechtigten Personen und schließt Stiefkinder generell aus der gesetzlichen Erbfolge aus.

4. Definition Status

Will man die Stiefkindschaft de lege ferenda als eigenen Status ansehen, ist zunächst erforderlich, zu klären, was das deutsche Recht unter dem Begriff Status überhaupt versteht.

Status ist ein wichtiger Zentralbegriff, der insbesondere im Familienrecht, aber auch im Erbrecht eine tragende Rolle spielt. Es handelt sich dabei um eine eigenständige rechtsdogmatische Kategorie, deren Definition durch unterschiedliche Sichtweisen erfolgen kann. Status ist mithin kein natürliches Faktum, sondern ein juristisches und gesellschaftliches Konstrukt.[313]

Windel[314] nähert sich dem Begriff, ebenso wie Röthel[315], in einer relationalen Herangehensweise und sieht im Status zunächst einzelne familienrechtliche Verhältnisse der beteiligten Personen zueinander[316] innerhalb eines Gesamtsystems. Der einzelne Status ist damit dem jeweiligen Rechtsverhältnis zuzurechnen, das die beteiligten Personen verbindet. Diese Rechtsverhältnisse sind als umfassende zu verstehen. Die Zuordnung der einzelnen Subjekte, die im Status zum Ausdruck kommt, ist nur ein Aspekt des Gesamtrechtsverhältnisses.

Windel begreift Status damit nicht als Kollektiv, d. h. als einen Inbegriff von Menschen oder eine diesem Inbegriff zugeschriebene Qualität. Ebenso wendet er sich gegen die Herangehensweise, Status sei einem Individuum zugeordnet und über den Status würde dessen Stellung bestimmt, es handle sich also um einzelne Elemente, aus denen das soziale System zusammengesetzt würde.

Status an sich ist seiner Ansicht nach kein einzelnes subjektives Recht und auch kein Inbegriff von Rechten und Pflichten, sondern vielmehr eine eigenständige Kategorie unter den besonders hervorgehobenen Aspekten eines Rechtsverhältnisses.

So ist im Familienrecht der Status dem jeweiligen Rechtsverhältnis zuzurechnen, das die an ihm beteiligten Personen verbindet.[317]

Er widerspricht damit der Ansicht Muschelers[318], der Status als attribuierte zentrale rechtliche Eigenschaft der einzelnen Person (qualitas personae) versteht. Diese Eigenschaft ist seiner Meinung nach auf Dauer angelegt und wird dem Verkehr in irgendeiner Weise erkennbar gemacht. Zudem kann sie in den verschiedensten Rechtsgebieten Rechtsfolgen auslösen und spricht der Person in der Regel einen „Inbegriff" von subjektiven Rechten und Pflichten zu.

313 Plettenberg, Vater, Vater, Mutter, Kind, S. 56.

314 Windel, Status und Realbeziehung, S. 6 ff.; ders. StAZ 2006, 125, 128.

315 Röthel, Solidaritätskonzept und Statusorientierung im Erbrecht, S. 107.

316 so auch Rauscher, FamR, Rn. 65.

317 Windel, StAZ 2006, 129.

318 Muscheler, FamR, Rn. 93 ff.; ders. StAZ 2006, 189, 197.

Für Muscheler erfüllt nur der personale Ansatz, im Gegensatz zum realen oder relationalen die Anforderungen, die an den Begriff Status zu stellen sind. Es geht dabei um Stabilität, Publizität, formale Sicherheit, technische Praktikabilität, materiale Legitimität und die zentrale Stellung der einzelnen Person als Ganzes. Muscheler versteht Status demzufolge als Zuteilung personenrechtlicher Eigenschaften an den Einzelnen[319] und nicht wie Windel als Mittel, mit dessen Hilfe ein einzelnes Verhältnis mehrerer Personen klassifiziert wird.

Betrachtet man den Status aus der personalen Sichtweise bedeutet dies, dass die Person, um die es geht, im Mittelpunkt steht und nicht das Verhältnis, das sie mit einer anderen Person verbindet.

Windel sieht jedoch in der relationalen Herangehensweise einen entscheidenden Vorteil: Ein Status kann auch angenommen werden, obwohl das Rechtsverhältnis im Moment keine direkten Rechtsfolgen mit sich bringt, wie z. B. bei der Schwägerschaft oder der entfernten Verwandtschaft.

Schließt man sich im Hinblick auf die Definition von Status der Ansicht von Windel und Röthel an, so stimmen die Begriffe Status und Personenstand inhaltlich überein. Beide verweisen auf die Stellung einer Person im Verhältnis zu einer anderen Person. Und auch in formeller Hinsicht kommt beiden Termini, besinnt man sich auf die Wortbedeutung Status und Stand, dieselbe Bedeutung zu. Beide erwecken die Vorstellung, dass die Rechtsstellung, die durch den Status oder Personenstand geschaffen wird, aufgrund von Gesetz oder eines förmlichen Statusakts erlangt wurde.[320]

Trotzdem ist Status nicht automatisch mit Personenstand gleichzusetzen oder zu verwechseln,[321] auch wenn die Begriffe zum Teil gleichbedeutend verwendet werden.[322]

Der Personenstand findet sich in Deutschland im Gegensatz zum Status im Gesetz und bedeutet gem. § 1 PStG die sich aus den Merkmalen des Familienrechts ergebende Stellung einer Person innerhalb der Rechtsordnung einschließlich ihres Namens. Davon umfasst sind Daten über die Geburt, Eheschließung, Begründung einer Lebenspartnerschaft und Tod sowie damit in Verbindung stehende familien - und namensrechtliche Tatsachen. Der Personenstand regelt mithin Rechtsverhältnisse von einzelnen Personen zueinander, begründet durch Geburt oder Rechtsakt.

Status hingegen ist in keiner Weise von der Eintragung in die Personenstandsbücher abhängig.

Auch wenn die Herangehensweise an den Begriff Status unterschiedlich erfolgt, so gelangen die verschiedenen Ansichten dennoch im Ergebnis zumindest zur gleichen Hauptfunktion des Status, weshalb es an dieser Stelle nicht entscheidend ist, welche Ansicht die überzeugendere ist.

319 so auch Rauscher, FamR, Rn. 65.

320 Röthel, StAZ 2006, 41.

321 Windel, StAZ 2006, 132.

322 Rauscher, FamR, Rn. 65; Gernhuber/Coester-Waltjen, FamR, S. 9 ff.

Diese Hauptfunktion ist darin zu sehen, dass der Status das Verhältnis der beteiligten Personen bzw. den Inbegriff personenrechtlicher Eigenschaften zum Teil unverrückbar festschreibt oder zumindest vordergründig eine gewisse Stabilität bietet.[323] Diese Stabilität erhält der Status dadurch, dass die sonst im Privatrecht gewährten Rechte, wie z. B. die Anfechtung der Vaterschaft durch private Willenserklärung bei einem Statusverhältnis ausgeschlossen sind.

Aus diesem Grund ist es nicht erheblich, auf welche Weise Status definiert wird. Es kommt nicht darauf an, ob man die personalen Eigenschaften und damit die Person in den Mittelpunkt stellt oder ihre Verhältnisse zu anderen Personen innerhalb eines Rechtsgebietes als Status ansieht. Entscheidend ist vielmehr, festzulegen, was Status als eigene Kategorie im Gegensatz zum subjektiven Recht tatsächlich ausmacht.

Unerlässlich ist hierbei die Dauerhaftigkeit der Beziehung, deren Stabilität und Transparenz.[324] Das Recht vertraut uneingeschränkt auf den Status. Es erfolgt keine Kontrolle, ob im Einzelfall der Status auch tatsächlich gelebt wird.

So ist es nicht relevant, ob das Kind je in einer sozialen Beziehung zu seinen Eltern gestanden hat; solange die Kindschaft als familienrechtlicher Status besteht, ganz gleich, ob hierbei auf das Verhältnis oder die Person an sich abgestellt wird, leitet sich daraus ein erbrechtlicher Berufungsgrund ab. Das Kind wird gesetzlicher Erbe seiner Eltern oder erhält über den Pflichtteil wenigstens eine Mindestteilhabe am Nachlass. Daraus wird deutlich, dass sich die Rechtsordnung, und zwar nicht nur die private, immer wieder am familienrechtlichen Status orientiert.

a. Funktion und Wirkung des Status

Die wichtigste Funktion des Status im rechtlichen Sinne ist es, das Verhältnis der beteiligten Personen unverrückbar festzuschreiben oder zumindest stark zu stabilisieren. Zusätzlich weist der Status auch eine extensive (ausdehnende) Dimension auf. Obwohl die Verfestigung der familienrechtlichen Stellung zunächst nur für das primär betroffene Rechtsverhältnis gilt, erfolgt unter anderem prozessual eine Ausweitung der Statuswirkungen.[325]

Der Status reicht aufgrund seiner formalanordnenden und kennzeichnenden Wirkung in alle Lebensbereiche und weist dadurch Statik und Transparenz auf, die den Familienverhältnissen eigentümlich sind.

b. Stiefkindschaft als eigener Status

Momentan stellt die Stiefkindadoption den einzigen Weg dar, das Stiefkind-Stiefeltern-Verhältnis in ein rechtliches Eltern-Kind-Verhältnis umzuformen. Dieser Weg steht aber bis jetzt nur der formalisierten, also der ehelichen Stieffamilie zur Verfügung.

---

323 Windel, StAZ 2006, 129; Muscheler, ErbR (2012), Rn. 187; Röthel, Solidaritätskonzept und Statusorientierung im Erbrecht, S. 107.

324 Für weitere Funktionen und Aspekte des Statusprinzips s. Muscheler, ErbR (2012), Rn. 184 ff.

325 dazu ausführlich: Windel, Status und Realbeziehung, S. 11 ff.

Die Nachteile der Stiefkindadoption wurden weiter oben bereits umfassend erörtert.[326]

Vorzugswürdig erscheint demgegenüber die statusrechtliche Zuordnung von Stiefkindern an ihren Stiefelternteil mit der Folge, dass sich daraus automatisch ein gesetzlicher Erbanspruch ergäbe.

aa. Schwägerschaft als Voraussetzung

Zwischen Stiefkind und Stiefeltern besteht Schwägerschaft gem. § 1590 BGB. In Frage käme deshalb zunächst, die Schwägerschaft als alleinige Voraussetzung für einen eigenen Status „Stiefkindschaft" und damit einen gesetzlichen Erbanspruch genügen zu lassen.

Schwägerschaft besteht allerdings nur dann, wenn der leibliche Elternteil mit dem Stiefelternteil verheiratet ist. Insofern bildet die Schwägerschaft zumindest für das Stiefkind, das aus einer nichtehelichen Patchworkfamilie stammt, kein taugliches Instrument, ihm einen gesetzlichen Erbanspruch gegen seinen Stiefelternteil zu verschaffen.

Was hingegen die formalisierte Stiefkindschaft angeht, so könnte man dem Stiefkind ein gesetzliches Erbrecht aufgrund der Schwägerschaft gegenüber seinem Stiefelternteil zugestehen.

Der Kindschaftsstatus[327] umfasst de lege lata alle leiblichen Kinder, unabhängig von ihrer Ehelichkeit sowie Adoptivkinder. Eine Erweiterung dieses Status auch auf Stiefkinder wurde bereits von Muscheler diskutiert und befürwortet. [328]

Allerdings bleibt die Frage, ob ein solcher Status von der Ehelichkeit des Stiefkindes abhängen soll. Muscheler beantwortet diese Frage klar mit ja.

Er stellt die These auf, dass es sich bei der durch Ehe formalisierten Stiefkind – bzw. Stiefelternschaft bereits um einen eigenen Status und Personenstand handelt: Stiefkind – und Stiefelternschaft sind demnach zentrale und rechtliche Eigenschaften, die vom Familienrecht attestiert werden. Sie sind auf Dauer angelegt und werden dem Rechtsverkehr erkennbar gemacht.

Die Abhängigkeit dieses Status von der Ehe der Eltern (leiblicher Elternteil und Stiefelternteil) begründet Muscheler damit, dass die Beziehung zwischen Stiefkind und Stiefelternteil von zwei echten Statusverhältnissen, nämlich der Ehe und der Kindschaft umgeben sei.[329]

Allerdings greifen seiner Meinung nach die starken Statusfolgen wie gesetzliche Unterhaltspflicht und gesetzliches Erbrecht in diesem Verhältnis (noch) nicht,[330] weshalb doch eher von einem abgeschwächten Status gesprochen werden muss.

326 s. hierzu Kapitel VIII, 2.

327 s.a. Dethloff, NJW 92, 2200.

328 Muscheler, StAZ 2006, 189.

329 Muscheler, StAZ 2006, 189, 197 ff.

330 Muscheler, StAZ 2006, 197.

Doch gerade auf diese Statusfolgen kommt es an. Was nützt dem Stiefkind ein eigener Status, wenn sich daraus nicht gewisse Ansprüche ableiten. So bleibt es bei einem Status als leere Hülle ohne wirkliche Funktion.

Man würde so zu einem einheitlichen Kindschaftsstatus gelangen, der unabhängig von der biologischen Abstammung des Kindes von beiden Eltern und unabhängig von sozial-familiären Beziehungen ist.

Insofern könnte man zu dem Schluss kommen, dass sich daraus ein echter, zusammen mit der leiblichen und der rechtlichen Kindschaft, einheitlicher Kindschaftsstatus verbunden mit allen Rechten und Pflichten ableitet.

Ein weiteres Argument für einen gesetzlichen Erbanspruch, allein durch Schwägerschaft begründet, ist der Fall, wenn der Stiefelternteil zuvor den leiblichen Elternteil beerbt hat. Diese Lösung würde dazu führen, dass die erbrechtlichen Nachteile, die das Stiefkind aufgrund der Ehe erleidet[331], ausgeglichen würden.[332]

Dieses Argument hat im schweizerischen Recht bereits dazu geführt, dass dem ehelichen Stiefkind gegen seinen Stiefelternteil immerhin ein gesetzlicher Unterhaltsanspruch zusteht.[333]

Auch Conradi befürwortet eine Erbberechtigung des Stiefkindes nach seinem Stiefelternteil, wenn der mit dem leiblichen Elternteil verheiratete Stiefelternteil diesen zuvor beerbt hat.[334] Als Begründung führt er an, dass nach dem Tod des Stiefelternteils im Fall der gesetzlichen Erbfolge wesentliche Teile des Vermögens des leiblichen Elternteils in die „andere" Familie fallen. War der leibliche Elternteil mit dem Stiefelternteil nur für kurze Zeit verheiratet und bestand keine soziale Beziehung zwischen Stiefkind und Stiefelternteil, betrachtet Conradi das „Hinüberwandern" eines Vermögensteils in die „fremde" Familie als ungerecht dem Kind gegenüber. Durch die Erhöhung des Ehegattenerbrechts würden ersteheliche Kinder der Gefahr der Benachteiligung ausgesetzt.[335]

Die Entscheidung darüber, ob man dem Stiefkind allein aufgrund der Ehe zwischen seinem leiblichen und seinem Stiefelternteil ein gesetzliches Erbrecht einräumen möchte oder ob dazu noch weitere Voraussetzungen notwendig sind, hängt entscheidend davon ab, aus welchen Gründen ein gesetzlicher Erbanspruch des Stiefkindes normiert werden soll.

Begründet man diesen Anspruch damit, dass die Ehe zwischen dem leiblichen Elternteil und dem Stiefelternteil eine Verantwortung auch bezüglich der Versorgung der Stiefkinder mit sich bringt, und zwar in der Art und Weise, dass der Stiefelternteil verpflichtet

---

331 Das Stiefkind verliert durch das gesetzliche Erbrecht des Ehepartners, der nicht gleichzeitig leiblicher Elternteil ist, einen enormen Anteil am Erbe seines leiblichen Elternteils und erhält dafür nach dem Tod des Stiefelternteils keinen Ausgleich, abgesehen von dem Anspruch aus § 1371 Abs. IV BGB.

332 so bereits Conradi, FamRZ 1980, 103, 107.

333 Art. 278 Abs. 2 ZGB in der Fassung aus dem Jahre 1976: „Jeder Ehegatte hat dem anderen in der Erfüllung der Unterhaltspflicht gegenüber vorehelichen Kindern in angemessener Weise beizustehen."

334 Conradi, FamRZ 1980, 103, 107.

335 Conradi, FamRZ 1980, 103, 107; vgl. auch Coing, Gutachten A zum 49. DJT, A 43 ff.; Dieckmann, Referat K zum 49. DJT, K 25 f.; Mezger, Diskussion K zum 49 DJT, K 70.

ist, für die Kinder seines Ehepartners auch nach seinem Tod zu sorgen, so könnte man die Schwägerschaft als alleinige Voraussetzung für einen Erbanspruch genügen lassen.[336]

Hält man allerdings die Ehe als alleinige Voraussetzung für ungenügend, um ein gesetzliches Erbrecht des Stiefkindes zu begründen und fordert demgegenüber noch weitere Voraussetzungen wie z. B. eine zwischenmenschliche Beziehung zwischen Stiefelternteil und Stiefkind, so kann demzufolge natürlich auch die Schwägerschaft als einziger Beweggrund für einen Erbanspruch nicht genügen.

Für das Bestehen einer Eltern-Kind-Beziehung als zusätzliche Voraussetzung spricht auch die Entscheidung des BVerfG im Hinblick auf die Rechtsstellung des Vaters bei der Adoption seines nichtehelichen Kindes.[337] Elternschaft und damit auch die Voraussetzung für die Grundrechtsträgerschaft ergibt sich demnach nicht allein aus der biologischen Abstammung. Vielmehr ist hierfür auch das Bestehen einer sozialen Beziehung vom jeweiligen Elternteil zum Kind von Nöten.[338]

Das Anknüpfen an die Schwägerschaft als alleinige Voraussetzung für eine gesetzliche erbrechtliche Beteiligung von Stiefkindern am Nachlass ihrer Stiefeltern hätte jedoch den Vorteil, dass die Regelung unmissverständlich und eindeutig wäre. Auch hat die Verbindung zwischen Stiefelternteil und Stiefkind, die durch die Schwägerschaft begründet wird, im Familienrecht immerhin schon dazu geführt, dass die Rechte der ehelichen Stieffamilie erheblich erweitert wurden und sich denen der „echten" Elternschaft in einem nicht unerheblichen Maß angenähert haben.[339]

Ebenso gibt es in Deutschland einige Stimmen, die sich dafür aussprechen, dass die zwischen Stiefkind und Stiefelternteil bestehende Schwägerschaft zu rechtlichen Folgen führen müsse.[340] Noch weiter gehen Muscheler und Conradi, die sich für ein gesetzliches Erbrecht des ehelichen Stiefkindes aussprechen, vor allem unter dem Gesichtspunkt, dass das Verhältnis zwischen Stiefkindern und Stiefeltern aufgrund des Status der Schwägerschaft in einer so engen Beziehung besteht, dass dies rechtliche Folgen im Erbrecht auslösen muss.[341].

Dieser Status könnte sich ipso iure durch die Scheidung der Eltern, also durch die Beendigung der statusbegründenden Rechtsbeziehung wieder auflösen.[342] Vergleichbar wäre die Situation mit dem Erbrecht des Ehegatten, das gem. § 1933 BGB nur so lange besteht, so lange die Voraussetzungen für eine Scheidung nicht gegeben waren und der Erblasser die Scheidung nicht beantragt oder ihr zugestimmt hatte.

336 so auch Krämer, Das Stiefkind im Unterhaltsrecht, S. 113, hinsichtlich eines gesetzlichen Unterhaltsanspruchs des Stiefkindes.

337 BVerfG, NJW 95, 2155.

338 BVerfG, NJW 95, 2156.

339 s.o. Kapitel V 2.

340 In Bezug auf ein gesetzliches Unterhaltsrecht: Gernhuber, FamRZ 1955. 198 ff; Boehmer, Stiefkind, S. 9, 16 ff.; ders., FamRZ, 125; ders., FamRz 1961, 41.

341 Muscheler, StAZ 2006, 198; Conradi, FamRZ 1980, 103, 107.

342 Muscheler, StAZ 2006, 189, 199.

Dennoch würde es zu weit und zu ungerechten Ergebnissen führen, dem ehelichen Stiefkind allein aufgrund der Schwägerschaft ein gesetzliches Erbrecht gegen seinen Stiefelternteil zu verschaffen.

So würde auch das Stiefkind erben, das zu seinem Stiefelternteil in keinerlei Beziehung steht, ihn vielleicht noch nicht einmal kennt. Auf der anderen Seite würde der Stiefelternteil durch das Gesetz verpflichtet, ein Kind an seinem Erbe teilhaben zu lassen, von dem er bei der Ehe womöglich noch nicht einmal wusste. So würde nicht nur der Stiefelternteil in ungerechtfertigter Weise benachteiligt, sondern auch seine leiblichen Kinder, die ihr Erbe mit einem einseitigen Kind des Ehepartners teilen müssten.

Das Argument, das beim Erbrecht der leiblichen Kinder nach ihren Eltern herangezogen wird, nämlich, dass sie erben, auch wenn sie zu ihren Eltern niemals in einer sozialen Beziehung gestanden haben, taugt an dieser Stelle nicht, um auch den Stiefkindern ein gesetzliches Erbrecht einzuräumen. Im Gegensatz zum leiblichen Elternteil hat der Stiefelternteil nicht dazu beigetragen, dass er zum Elternteil „gemacht" wurde, vielleicht sogar in die Elternrolle gedrängt wurde. Er kann es sich nicht aussuchen, ob der Partner Kinder mit in die Beziehung bzw. mit in die Ehe bringt. Die Entscheidung allein für die Ehe mit der leiblichen Mutter oder dem leiblichen Vater des Kindes darf nicht zum Nachteil für den neuen Partner führen.

Aus diesem Grund reicht die Schwägerschaft, auch wenn es sich bei ihr um einen Status handelt, allein nicht aus, dem ehelichen Stiefkind einen gesetzlichen Erbanspruch gegen seinen Stiefelternteil einzuräumen.

Des Weiteren würden Stiefkinder, die aus einer nicht formalisierten Stieffamilie stammen, keine Berücksichtigung finden. Das Bestehen einer Ehe zwischen leiblichem und Stiefelternteil wäre erforderlich. Aber ein Stiefelternverhältnis kann auch das Kind und den unverheirateten Lebensgefährten des leiblichen Elternteils verbinden. Nur wenn auf das Kriterium der Elternehe verzichtet wird, lässt sich verhindern, dass künftig eine neue Klasse von Kindern, die der nichtehelichen Stiefkinder, diskriminiert wird.

Die Schaffung eines neuen Kindschaftsstatus, der Stiefkindschaft, brächte zwar den gewünschten Erfolg, eine umfassende erbrechtliche Absicherung der Stiefkinder mit sich, die nicht davon abhängig ist, ob der Stiefelternteil ein Testament zugunsten dieser Kinder verfasst hat, was angesichts der nach wie vor niedrigen Testierraten in Deutschland sehr zu begrüßen wäre.[343] Jedoch stünde dieser Status, wenn man als innere Rechtfertigung den Status der Schwägerschaft zwischen Stiefkind und Stiefelternteil heranzieht, nur dem ehelichen Stiefkind offen.

Die Ehe der Eltern schafft zwar Definitionsschwierigkeiten beiseite, doch bereits mit der (erbrechtlichen) Gleichstellung nichtehelicher und ehelicher Kinder[344] hat das Gesetz, wenn auch sehr spät, einen wichtigen Schritt in die richtige Richtung hinsicht-

343 auf einen evtl. gesetzlichen Unterhaltsanspruch, der den Stiefkindern durch diese neue Konstruktion eines Status gegeben würde, soll in dieser Arbeit nicht näher eingegangen werden, vgl. hierzu: Kremer, Das Stiefkind im Unterhaltsrecht.

344 KindRG vom 16.12.1997, BGBl I 2942,

lich der Schaffung eines einheitlichen Kindschaftsstatus und damit der Erweiterung des Kreises der gesetzlichen Erben unternommen. Hier wurde sogar ein ganzer Status aus dem Gesetz getilgt, nämlich der der Ehelichkeit eines Kindes, und auch der Begriff der Nichtehelichkeit als Charakteristikum wird in der Gesetzessprache nicht mehr verwendet.[345]

So werden de lege lata diejenigen Eltern, insbesondere die Väter, die sich gegen eine Eheschließung entscheiden, rechtlich nicht mehr schlechter gestellt, weil sie sich gegen die Ehe als eine vom Gesetz vorgeschriebene Lebensgemeinschaft entscheiden.[346] Denn aufgrund der gesellschaftlichen Entwicklung im Bereich Familie kann das Argument, dauerhafte und feste Beziehungen werden allein durch die Eingehung einer Ehe begründet, nicht mehr aufrechterhalten werden.

Aus diesem Grund sollte hinsichtlich des Status von Stiefkindern nicht auf das Kriterium der Ehelichkeit abgestellt werden.

Des Weiteren steht einer statusrechtlichen Zuordnung entgegen, dass die Einbeziehung von Stiefkindern in den allgemein gültigen Kindschaftsstatus nicht nur ein gesetzliches Erbrecht gegenüber dem Stiefelternteil zur Folge hätte, daraus würden auch ein Pflichtteilsrecht sowie gesetzliche Unterhaltsrechte und – pflichten resultieren.

Der Status des Stiefkindes als Kind allein ist jedoch nicht ausreichend, es würde den Kreis der Erbberechtigten zu weit ziehen und zu viele verschiedene Fallkonstellationen von stieffamiliären Verhältnissen mit einbeziehen.

Im Ergebnis ist es meines Erachtens nicht empfehlenswert, in der formalisierten Stiefkindschaft einen Kindschaftsstatus zu sehen, der unter der zusätzlichen Voraussetzung des Bestehens eines Eltern-Kind-Verhältnisses zu einem grundsätzlichen gesetzlichen Erbanspruch des Stiefkindes gegen seinen Stiefelternteil führen sollte.

5. Spannungslagen zwischen Statusverhältnissen und Realbeziehungen im Erbrecht

Die Zunahme an innerfamiliären Realbeziehungen ohne Ehe oder Verwandtschaft führt zunehmend zu einer Spannungssituation zwischen diesen Solidaritätsbeziehungen und den Statusverhältnissen, was die rechtliche Einordnung dieser Realbeziehungen betrifft, auch wenn solche innerfamiliären Nähebeziehungen in den letzten Jahren eine enorme Aufwertung erfahren haben.[347].

Die Frage ist, aus welchem Blickwinkel man diese Entwicklung betrachten möchte. Handelt es sich dabei eher um eine Aufwertung der faktischen familiären Beziehungen oder um eine Abwertung des formalen Status?

Vor diesem Hintergrund ist entscheidend, ob die Vor – oder die Nachteile überwiegen, die die Statusanknüpfung im Erbrecht mit sich bringt.

---

345 Muscheler, ErbR, Rn. 194.

346 so noch bei Schaffung des Sorgerechtsgesetzes 1980, BVerfGE 56, 386.

347 Man denke nur an die gesetzlichen Regelungen im Familienrecht zum Umgangs – und Sorgerecht des Stiefelternteils, s.o. Kapitel V 2., vgl. auch Muscheler, Erbrecht, Rn. 194 ff.

Der eindeutige Vorteil der Stabilität und der Begrenzung der Betroffenen schafft formal zwingend einen erbrechtlichen Berufungsgrund, der Intentionalität verbürgt. Die Statik und die Transparenz, die dem Status anhaften, sind notwendig für das Anfall – und Ausschlagungsprinzip.[348]

Wenn aber die Anknüpfung an real gelebte familiäre Solidarbeziehungen eine größere materielle Gerechtigkeit in Bezug auf die gesetzliche Erbfolge aufweisen würde, so können diese Vorteile allein die gesetzliche Erbfolge orientiert am Status nicht rechtfertigen.[349]

Bei der Entscheidung, faktische familiäre Beziehungen mit blutsverwandtschaftlichen Beziehungen gleichzusetzen, tritt jedoch unter anderem das Problem der Abgrenzung der rechtlich relevanten von der rechtlichen nicht relevanten Realbeziehung in den Vordergrund. Die Definitionsschwierigkeiten sind in anderen Rechtsordnungen bereits gelöst worden.[350]

Die Problematik stellt sich beim Stiefkind als wenig problematisch dar.[351] Hier könnte man an die eheliche Stiefkindschaft an ein faktisches familiäres Verhältnis, also an eine sozial familiäre Beziehung und zusätzlich an einen gemeinsamen Haushalt anknüpfen.

Vielmehr stellt sich die Frage, ob die Zunahme an faktischen familiären Beziehungen, die ohne einen Status auskommen, den Abschied vom Statusprinzip ganz generell einläutet oder zumindest eine Tendenz dahingehend bedeutet, dass eine Orientierung am Status allein nicht mehr zeitgemäß ist.

Denn auch das Statusrecht birgt Schwächen.

So darf in diesem Zusammenhang das Phänomen der vielen Scheinstatusverhältnisse nicht unerwähnt bleiben.

Neben der Scheinehe und der Scheinlebenspartnerschaft spielt auch die Partnerschaft, ob als Scheinehe eingegangen oder nichtehelich gelebt, mit missbräuchlich anerkannten Kindern in der Realität eine tragende Rolle.[352] Mag auch der häufigere Fall derjenige sein, in dem der Vater das Kind anerkennt, um über das Umgangsrecht zu einem aufenthaltsrechtlichen Vorteil zu gelangen[353], so hat die missbräuchliche Vaterschaftsanerkennung aber auch zur Folge, dass zwischen Kind und Scheinvater wechselseitige gesetzliche Erbansprüche entstehen. Aus diesem Grund verwundert es nicht, wenn der Mann, obwohl ihm durchaus bewusst ist, dass er nicht der Vater des Kindes ist, dieses anerkennt, um den umständlichen Weg der Adoption zu vermeiden und durch die Anerkennung zu einer Verrechtlichung der Eltern-Kind-Beziehung zu gelangen. Er schafft damit einen Status, der ihm unter Umständen normalerweise verwehrt bleiben würde.

348 Windel, Über die Modi der Nachfolge, S. 225.

349 so auch Röthel, Solidaritätskonzept und Statusorientierung des Erbrechts, S. 108.

350 zur Definition in Norwegen, vgl. Frantzen, FamRZ 2009, 1554

351 so auch Röthel,. Solidaritätskonzept und Statusorientierung des Erbrechts, S. 111.

352 so auch Windel, Status und Realbeziehung, S. 14 ff.

353 Windel, Status und Realbeziehung, S. 19 ff; Henrich, FamRZ 2006, 977, 978; Finger, JR 2007, 50, 51; Grün, FuR 2006, 497.

Das Statusrecht hat sich im Wesentlichen bewährt und bringt entscheidende Vorteile mit sich. Doch kann sich auch das Statusrecht dem sozialen Wandel nicht entziehen.

Wenn ein gesetzliches Erbrecht für Stiefkinder aufgrund ihrer sozial-familiären Beziehung zu ihrem Stiefelternteil und ein einheitlicher Kindschaftsstatus zu weit gehen würden, so könnte man in Erwägung ziehen, sich weg von der gesetzlichen Erbfolge hin zu einem Erbersatzanspruch von Stiefkindern gegen ihre Stiefeltern zu orientieren.

Im Rahmen eines solchen Anspruchs als Mindestschutzregelung bräuchte man dem Stiefkind noch kein gesetzliches Erbrecht einräumen, könnte ihm aber einen auf wertmäßige Teilhabe gerichteten Anspruch gegen den Nachlass zugestehen und ihm damit die gewünschte erbrechtliche Absicherung bieten.[354]

Freilich stellt sich der Gesetzgeber in diesem Fall über den Status und die damit einhergehende Orientierung an statusrechtlichen Beziehungen im Erbrecht.

Man könnte sogar sagen, er zwingt dem Erbrecht eine gewisse Solidarität auf[355], denn de lege lata spielen Solidarität bzw. familiäre Nähebeziehungen im Rahmen der gesetzlichen Erbfolge keine Rolle.

Doch wie oben gezeigt, ist ein solcher Anspruch notwendig und meines Erachtens auch verfassungsrechtlich geboten, um die erbrechtlichen Nachteile des Stiefkindes nach dem Tod seines Stiefelternteils zu beseitigen und die innerfamiliären Solidaritätsbeziehungen zwischen Stiefelternteil und Stiefkind zu honorieren und zu fördern.

---

354 In diese Richtung denkt bezogen auf den nichtehelichen Lebenspartner auch Scherpe, in ders./Yassari, Nadjma (Hrsg.), 593, befürchtet aber eine erschwerte Durchsetzbarkeit eines solchen Anspruchs gegenüber der pauschalen Zuweisung einer gesetzlichen Erbquote.

355 s. hierzu auch Dutta, Warum Erbrecht?, 458 f.

X. Kapitel: Der Erbersatzanspruch

Ein Erbersatzanspruch könnte de lege ferenda grundsätzlich einen Ausgleich für ein fehlendes gesetzliches Erbrecht von Stiefkindern darstellen.

So würde eine erbrechtliche Beteiligung unabhängig von der Streitfrage nach der Berechtigung einer statusmäßigen Gleichstellung von leiblichem Kind und Stiefkind im Erb – und Pflichtteilsrecht geschaffen werden, Stichwort: „Status vs. Realbeziehung."[356]

Mit der Einräumung eines solchen Anspruchs gegen den Nachlass würde man dieses Problemfeld umgehen. Das wahrt wiederum den Abstand zum Erbrecht der Abkömmlinge.

Nur wenn die gesetzliche Erbfolge zum Tragen kommt, kann ein Erbersatzanspruch überhaupt im Raum stehen. Daraus ergibt sich, dass er automatisch dann keine Anwendung findet, wenn der Erblasser von Todes wegen über sein gesamtes Vermögen verfügt hat.

1. Der Erbersatzanspruch vor der Reform des Erbrechtsgleichstellungsgesetzes

Ein Erbersatzanspruch ist kein völlig neues gesetzliches Institut. Vor Inkrafttreten des Erbrechtsgleichstellungsgesetzes waren nichteheliche Kinder im Fall der gesetzlichen Erbfolge von der Beteiligung am Nachlass ihres Vaters ausgeschlossen, sobald eheliche Abkömmlinge und/oder ein überlebender Ehegatte des Erblassers vorhanden waren. In diesen Fällen erhielt das nichteheliche Kind lediglich einen solchen Erbersatzanspruch gem. § 1934a BGB a.F.. Dieser richtete sich in der Höhe nach dem Wert des Erbteils eines Abkömmlings. Formal entsprach der Erbersatzanspruch damit zwar der Höhe nach dem Erbteil, er war der Beteiligung am Nachlass aber sowohl hinsichtlich der dinglichen Berechtigung am Nachlass als auch der Teilhabe an nach dem Erbfall eintretenden Werterhöhungen nicht gleichwertig. Das nichteheliche Kind wurde kein Miterbe nach seinem Vater. Der Anspruch zählte zu den Nachlassverbindlichkeiten und war nach seiner Entstehung sowohl vererblich als auch übertragbar.

Dieses Rechtsinstitut wurde in der Diskussion um ein gesetzliches Erbrecht des nichtehelichen Kindes nach seinem Vater entwickelt.[357]

Der schuldrechtliche Erbersatzanspruch wurde durch das am 1. 4. 1998 in Kraft getretene Gesetz zur erbrechtlichen Gleichstellung nichtehelicher Kinder (Erbrechtsgleichstellungsgesetz) vom 16. 12. 1997 (BGBl I, 2968 f.) abgeschafft.

Die Abschaffung führte zu einer vollständigen Gleichbehandlung ehelicher und nichtehelicher Kinder im Erbrecht.

[356] Grundlegend Schwenzer, Ingeborg, Vom Status zur Realbeziehung, 705-728.

[357] Schröder, Der Erbersatzanspruch, S. 1

2. Voraussetzungen für einen Erbersatzanspruch von Stiefkindern de lege ferenda

Voraussetzung für einen solchen Erbersatzanspruch könnte auf der einen Seite die Ehe zwischen Stiefelternteil und leiblichem Elternteil sein. Damit würde sich der Erbersatzanspruch an mehreren Statusverhältnissen orientieren, zum einen an der Ehe der Eltern und auf der anderen Seite an der Schwägerschaft, die aufgrund dieser Ehe zwischen Stiefelternteil und Stiefkind besteht. Zudem würde der beziehungsbedingte Nachteil[358] des ehelichen Stiefkindes ausgeglichen werden.

Auf der anderen Seite stellt sich die Frage, ob nicht eine faktische familiäre Beziehung zwischen Stiefkind und Stiefelternteil ausreichend für einen solchen Anspruch sein kann, der Anspruch sich also nicht an der Paarbeziehung der Eltern orientiert.

Fraglich ist auch, ob das Stiefkind bedürftig sein muss, um einen Erbersatzanspruch gegen seinen Stiefelternteil geltend machen zu können und ob der Anspruch altersmäßig gedeckelt werden sollte.

a. Die Ehe der Eltern

Klärungsbedürftig ist also zunächst, ob der Anspruch nur ehelichen Stiefkindern zustehen oder auch für die Stiefkinder gelten soll, deren Eltern nicht in einer durch Ehe formalisierten Partnerschaft leben. Soll sich der Anspruch also eher an der Paarbeziehung der Eltern (Ehe bzw. nichteheliche Lebensgemeinschaft) und deren erbrechtlicher Behandlung orientieren oder an dem unmittelbaren Verhältnis zwischen Stiefelternteil und Kind?

Für die Orientierung an der Paarbeziehung der Eltern spricht, dass der Anspruch damit von zwei Statusverhältnissen umrahmt wäre. Da wäre auf der einen Seite die Ehe der (Stief-)Eltern als starkes Statusverhältnis mit wechselseitigen Rechten und Pflichten und auf der anderen Seite die Schwägerschaft zwischen Stiefkind und Stiefelternteil.

Weiter oben[359] wurde bereits ausgeführt, dass diese zwei Statusverhältnisse zwar nicht genügen, um der Stiefkindschaft einen eigenen Status zuzuerkennen, eine Orientierung an diesen Statusverhältnissen brächte jedoch bei der Begründung des Anspruchs gewisse Vorteile mit sich. Definitionsschwierigkeiten blieben aus, die Voraussetzungen wären eindeutig und die Vermutung, Stiefkind und Stiefelternteil verbinde eine sozial-familiäre Beziehung, läge nahe. Die zwei Statusverhältnisse, die den Anspruch umgeben würden, erleichtern zudem die Zuordnung von Rechten für das Kind, das in diesen Statusverhältnissen lebt. Denn auch das gesetzliche Erbrecht de lege lata orientiert sich an den zwischen Erbe und Erblasser vorherrschenden Statusverhältnissen.

Zudem würde der Anspruch einen Ausgleich dafür schaffen, dass das eheliche Stiefkind nach der momentanen Gesetzeslage Gefahr läuft, dass ein Teil seines Erbes nach dem Tod seines leiblichen Elternteils in die Familie des Stiefelternteils abwandert.

---

358 Gemeint ist der Nachteil, den das eheliche Stiefkind dadurch erleidet, dass es an dem Erbteil seines vorverstorbenen leiblichen Elternteils, den der Ehepartner (Stiefelternteil) erbt, nach dessen Tod nicht partizipiert.

359 s. Kapitel IX., 3.3.

Diese Konstellation ist sogar sehr wahrscheinlich. Haben die Eheleute nämlich, wie der Großteil der Deutschen, kein Testament verfasst, so erben der Ehepartner und das Kind gemeinsam nach dem Tod des leiblichen Elternteils des Kindes. Verstirbt dann später der Stiefelternteil, so partizipiert das Stiefkind jedoch nicht an seinem Nachlass. Der Teil des Erbes, den der Ehepartner geerbt hat, fließt nun in die andere Familie, ohne dass das Stiefkind hierauf irgendeinen Einfluss hat.

Nimmt man also an, dass sich der Erbersatzanspruch nach der erbrechtlichen Behandlung der Paarbeziehung der (Stief-)Eltern richten soll, so stünde dem Stiefkind ein solcher Anspruch nur zu, wenn auch für den leiblichen Elternteil nach seinem Partner, der für das Kind gleichzeitig Stiefelternteil ist, ein Erbrecht bestünde.

De lege lata lässt das Gesetz nichteheliche Lebenspartner, was einen gesetzlichen Erbanspruch betrifft, völlig außer Betracht, und zwar auch dann, wenn zusätzlich ein Verlöbnis besteht.[360] Auch eine analoge Anwendung des § 1931 BGB kommt nicht in Betracht, weil die nichteheliche Lebensgemeinschaft ein „aliud" zur Ehe darstellt.[361], auch wenn bei einer nichtehelichen Lebensgemeinschaft von einer emotionalen und wirtschaftlichen Verbundenheit zwischen den einzelnen Personen auszugehen ist.

Goetz sieht in dem Fall, in dem die nichteheliche Lebenspartnerschaft durch den Tod eines der beiden Partner aufgelöst wurde, eine besondere Situation, die im Vergleich zu der Auflösung unter Lebenden besonderer Regelungen bedarf.[362] Zum einen hat die zwischen den Partnern vorherrschende Solidarität bis zum Ende bestanden, weshalb anzunehmen ist, dass diese partnerschaftliche Beziehung ohne den Tod des einen Partners noch für unbestimmte Zeit fortbestanden hätte. Auf der anderen Seite steht der nichteheliche Lebenspartner seiner Meinung nach dem Erblasser in der Regel menschlich ebenso nahe, wie es ein Ehegatte tun würde. Aus diesem Grund ist es gerechtfertigt, diesen Personenkreis am Nachlass des Erblassers zu beteiligen. Insbesondere müsse dies für den Fall, in dem die Partner gemeinsame Kinder hatten, gelten.

Zudem könne das Argument, die Ehe stehe für eine gemeinsame Lebenszeitperspektive angesichts der hohen Scheidungsziffern, nicht dafür herhalten, ein gesetzliches Erbrecht innerhalb der nichtehelichen Lebensgemeinschaft aufgrund ihrer Kurzlebigkeit abzulehnen.

Auch Goetz sieht die Problematik der niedrigen Testierraten in Deutschland und hält den Verweis für nichteheliche Lebenspartner auf die gewillkürte Erbfolge deshalb für nicht überzeugend, um eine gesetzlich geregelte Beteiligung des nichtehelichen Partners am Nachlass des anderen Partners abzulehnen.

---

360 Grziwotz, FamRZ 2014, 257, 262; Stumpf, JURA 2013, 334.

361 Koutses in Hausmann/Hohloch, Das Recht der nichtehelichen Lebensgemeinschaft, Kap. 7, Rn. 20

362 Goetz, Erbrechtliche Ansprüche außerhalb des Familienerbrechts, S. 152 f.

Auch Koutses[363] und Leipold[364] sprechen sich für eine gesetzliche Regelung, die vergleichbar mit § 1932 BGB dem nichtehelichen Lebenspartner die häuslichen Gegenstände des Alltags sichert, aus.

Koutses stimmt zwar denjenigen zu, die eine analoge Anwendung der Regelung, die im Ehegattenerbrecht kaum Beachtung findet, ablehnen, da es an einer für einen Analogieschluss zulässigen Vergleichbarkeit der erbrechtlichen Stellung der Anspruchsberechtigten fehlt. § 1932 BGB begünstigt schließlich nur einen gesetzlichen Erbberechtigten mit geringerer Erbquote.

Den Befürwortern des Analogieschlusses gibt sie allerdings in dem Punkt recht, dass Sinn und Zweck des § 1932 BGB darin bestehen, dem überlebenden Partner die elementaren Gegenstände des täglichen Lebens in Form des Hausrats als Voraus zuzusichern. Dies sollte für nichteheliche Lebenspartner ebenso gelten. Denn die praktische Relevanz wird ein gesetzlicher Voraus des Hausrats nämlich gerade bei Lebenspartnern erlangen, und zwar bei der Vielzahl der Paare, die im Rentenalter unverheiratet zusammenleben. Verstirbt hier ein Partner, ohne eine letztwillige Verfügung zugunsten seines Partners hinterlassen zu haben, ist der Hausrat, mit dem die Partner jahrelang gemeinsam lebten, an die Erben herauszugeben, auch wenn dieser für die Erben, nicht jedoch für die Lebenspartner im Regelfall ohne materiellen und ideellen Wert ist. Zum Schutz insbesondere älterer Lebenspartner erscheint ihrer Meinung nach eine gesetzliche Regelung, die dem Lebenspartner die häuslichen Gegenstände des Alltags als Voraus belässt, unerlässlich.

Leipold[365] spricht sich dafür aus, faktische partnerschaftliche und familiäre Beziehungen gleichzustellen mit Ehe und Abstammung, soweit von einer tatsächlichen Gleichwertigkeit ausgegangen werden kann. So würde sich für das Erbrecht eine Reaktionsmöglichkeit auf die gewandelten familiären Verhältnisse und auf die Pluralisierung der Lebensgemeinschaften bieten. Freilich erkennt er, dass es hinsichtlich einer praktikablen und funktionsfähigen Abgrenzungskriterien zu Problemen kommen kann, hält jedoch trotz dieser Schwierigkeiten die Schaffung eines gesetzlichen Erbrechts bzw. die Teilhabe am Nachlass für den nichtehelichen Lebenspartner des Erblassers für bedenkenswert.

Gegen das Argument, die Partner einer nichtehelichen Lebenspartnerschaft hätten sich bewusst für diese Lebensform und damit gegen die Rechtswirkungen der Ehe, also auch ein gesetzliches Erbrecht, entschieden, wendet er ein, dass man dann doch zumindest in Härtefällen eine Beteiligung am Nachlass kraft richterlichen Ermessens erwägen sollte, vor allem im Hinblick auf die erbrechtliche Begünstigung entfernter Verwandten.[366]

363 Koutses, FPR, 2001, 41.

364 Leipold, JZ 2010, 802, 804.

365 Leipold, JZ 2010, 802, 804.

366 Leipold, AcP 180 (1980), 160, 180

Strätz[367] hält es ebenfalls für angezeigt, dem nichtehelichen Lebenspartner einen eigenen gesetzlichen Erbanspruch zuzugestehen. Die rasche Zunahme dieser partnerschaftlichen bzw. familiären Lebensform sowie die allgemeine gesellschaftliche Akzeptanz machen es notwendig, auch die in ihr lebenden Personen durch das Gesetz erbrechtlich zu begünstigen. Alles andere wäre seiner Meinung nach auch unter Berücksichtigung der Möglichkeit der gewillkürten Erbeinsetzung „lebensfremd"[368]. Als Minimallösung schlägt Strätz vor, dem nichtehelichen Lebensgefährten zumindest ein dem Voraus nachgebildetes Recht einzuräumen.

Um dem nichtehelichen Lebenspartner ein eigenes gesetzliches Erbrecht zu gewähren, hält er es für zwingend notwendig, dass der Erblasser, der nun in einer nichtehelichen Lebensgemeinschaft lebt, nicht mehr verheiratet ist. Ansonsten gebührt der Witwe der Vorrang. Auch sollte die Erbquote geringer als die des Ehegatten ausfallen. Dadurch wäre die immer noch herausragende Stellung der Ehe gesichert.[369]

Was die Definition der nichtehelichen Lebensgemeinschaft angeht, verweist er auf die mittlerweile gängige Definition des BVerfG und spricht sich im Übrigen dafür aus, etwaige Probleme, die im Zusammenhang mit der Frage des Bestehens einer nichtehelichen Lebensgemeinschaft auftreten, den jeweiligen Gerichten aufzubürden, die sich mit dem Streit zwischen den Erben auseinandersetzen müssen.

Röthel[370] hingegen erkennt zwar an, dass familiäre Solidarität heutzutage vielschichtiger geworden ist und mehr Personen umfasst als den Kreis der de lege lata gesetzlich erbberechtigten Personen. Daraus resultiert für sie der Umstand, dass familiäre Realbeziehungen wie nichteheliche Lebensgemeinschaften, Patchworkfamilien und Pflegekindverhältnisse genauso von familiärer Verantwortung und Beständigkeit geprägt sein können wie Ehen und das Verhältnis zu eigenen Kindern. Raum für ein gesetzliches Erbrecht von nichtehelichen Lebenspartnern bzw. einen Pflichtteilsanspruch sieht sie jedoch, zumindest momentan, nicht. Allerdings bleibt anzumerken, dass sie sich durchaus für die Einführung gesetzlicher Teilhaberechte ausspricht, falls die Verrechtlichung der nichtehelichen Lebensgemeinschaft weiter fortschreitet.

Das Gesetz schützt die erbrechtliche Position des nichtehelichen Lebenspartners de lege lata lediglich in § 1969 BGB. Hintergrund dieser Vorschrift ist, wie oben bereits erwähnt, das Treueverhältnis, das sich aufgrund der Haus – und Wirtschaftsgemeinschaft zwischen dem Erblasser und seinen Familienangehörigen im weiteren Sinn gebildet hat. So steht auch in diesem Zusammenhang die Realbeziehung im Vordergrund, was verdeutlicht, dass dem Gesetzgeber diese Art von Beziehung durchaus bewusst ist.

Den tatsächlichen Schutz des § 1969 BGB muss man in Anbetracht der 30 Tage, die dem überlebenden nichtehelichen Partner nach dem Tod des Erblassers als einzige Ab-

367 Strätz, DNotZ 2001, 452.

368 Strätz, DNotZ 2001, 452, 457.

369 Strätz, DNotZ 2001, 452, 458.

370 Röthel, ErbR 2011, 167, 171.

sicherung bleiben, falls kein Testament zu seinen Gunsten verfasst wurde, wohl eher als unbedeutend und nicht als ausreichend betrachten.

So bleibt dem Erblasser, möchte er seinen nichtehelichen Lebenspartner in sonstiger Weise erbrechtlich begünstigen, nur die gewillkürte Erbfolge. In diesem Zusammenhang taucht das gleiche Problem wie auch schon bei der Erbberechtigung des Stiefkindes auf. In Deutschland entscheiden sich nur sehr wenige Erblasser dazu, ein Testament zu verfassen, weshalb die gesetzliche Erbfolge nach wie vor den Regelfall darstellt.

Was die verschiedenen Meinungen in der Literatur angeht, so lässt sich daraus ein Trend hin zu einer gesetzlichen erbrechtlichen Beteiligung des nichtehelichen Lebenspartners erkennen, der nach Ansicht von Goetz, Leipold und Strätz vor allem aus den gewandelten familiären Verhältnissen und der sich daraus ergebenden Reaktionspflicht des Gesetzgebers ergibt.

Es fällt jedoch auf, dass in dieser Hinsicht nur selten eine differenzierte Auseinandersetzung mit der tatsächlichen Ausgestaltung eines solchen Erbrechts stattfindet, geschweige denn eine Lösung des Problems diskutiert wird, welche Kriterien an das Bestehen bzw. das Ende einer solchen Partnerschaft zu stellen sind.

Die Reform des Kindschaftsrechts und das Gesetz zur Beendigung der Diskriminierung gleichgeschlechtlicher Gemeinschaften (LPartG) machen deutlich, dass die Tür in Richtung Akzeptanz derart gelebter Familienformen immer weiter geöffnet wird. Diese Entwicklung ist sehr begrüßenswert und zeigt, dass der Gesetzgeber auch die soziale Familie bzw. die faktische Elternschaft honoriert.

Ein Umgangsrecht steht seit dem 30.04.2004 nun auch dem Stiefelternteil zu, der nicht mit dem leiblichen Elternteil verheiratet ist, obwohl der Bundesrat dafür plädiert hat, nur dem leiblichen Vater ein zusätzliches Umgangsrecht einzuräumen. Als Grund hierfür wurde die drohende Gefahr eines „Umgangstourismus“ angeführt.[371] Das Familienrecht eröffnet die Beteiligung des Stiefelternteils an der elterlichen Sorge jedoch nur der formalisierten (ehelichen) Stieffamilie. Darin liegt eine Benachteiligung von Kindern, deren Eltern sich bewusst gegen eine Ehe entschieden haben, also Kinder, die in einer faktischen Stieffamilie leben. Es enttäuscht, dass der Gesetzgeber diese Familien bei der Beteiligung an der elterlichen Sorge außen vor lässt, zumal der Stiefelternteil in dieser Familienform tatsächlich meist durchaus an der Erziehung und Pflege des Kindes beteiligt ist. In der Regel werden die Stiefkinder sogar mit unterhalten, obwohl bis heute eine gesetzliche Unterhaltspflicht von Stiefeltern gegenüber ihren Stiefkindern fehlt. Dieser Mangel wird schon seit Langem beklagt.[372]

---

[371] BT-Drucksache 751/1/03, 751/2/03, 751/3/03; BT-Drucksache 15/2253, S. 14 f.; die Bundesregierung lehnte in ihrer Gegenäußerung diese Einschränkung ab (BT-Drucksache 15/2253, S. 21 f.). Der Rechtsausschuss des Bundestages schloss sich in seiner Sitzung vom 11.02.2004 dieser Meinung an (BT-Drucksache 15/2492, S. 8, 17), ebenso das Bundestagsplenum in seiner Sitzung vom 12.02.2004.

[372] Böhmer, Die Rechtsstellung des Stiefkindes nach heutigem und künftigem Recht, S. 63; ders. FamRZ 1955, 125; Gernhuber, FamRZ 1955, 193; Conradi, FamRZ 1980, 103, 104.

Blickt man hingegen auf das Erbrecht und in diesem Zusammenhang auf die erbrechtliche Berücksichtigung von nichtehelichen Lebenspartnern kraft Gesetzes, so muss man mit Enttäuschung feststellen, dass hier in den letzten Jahren nicht viel passiert ist.

Momentan ist nicht absehbar, wann der nichtehelichen Partnerschaft ein eigener Status neben der Ehe zugewiesen und den Partnern dieser Beziehung ein eigener gesetzlicher Erbanspruch eingeräumt wird. Dies kann jedoch nicht an der fehlenden Möglichkeit liegen, eine zufriedenstellende Definition für diese partnerschaftliche Beziehung festzulegen. Vielmehr wäre es wohl ein zu weitreichender Eingriff des Gesetzgebers in die freie Entscheidung der Beteiligten gegen eine Statusbeziehung und eben die Achtung des Willens, bewusst auf eine Verrechtlichung der Beziehung zu verzichten, auch wenn es in diesem Zusammenhang zu bedenken gilt, dass die gesetzlich geregelte Nachlassbeteiligung eine vergleichsweise geringe Bevormundung bzw. Freiheitseinschränkung darstellen würde.

Für die mögliche Ausgestaltung einer erbrechtlichen Position des überlebenden Partners einer nichtehelichen Lebensgemeinschaft ist weniger ihre zunehmende Anzahl als die subjektive Verbindlichkeit und der Inhalt der lebzeitigen Pflichtenbindungen und des solidarischen Selbstverständnisses entscheidend.[373]

Bei der Schaffung eines gesetzlichen Erbrechts des nichtehelichen Lebenspartners gilt es bezogen auf die Kinder, die in dieser Partnerschaft leben und deren Rechte zu beachten, dass das minderjährige Kind sich seine Lebenssituation im Gegenteil zu seinen Eltern nicht aussuchen kann und deshalb auch keinen Einfluss darauf hat, ob es als eheliches oder als nichteheliches Stiefkind in der Familie lebt.

Eine Orientierung an der Paarbeziehung der Eltern und an der erbrechtlichen Behandlung dieser Beziehung im geltenden Recht würde dazu führen, dass nur das eheliche Stiefkind de lege ferenda am Erbe seines Stiefelternteils partizipieren würde, denn de lege lata steht auch nur dem verheirateten Partner ein gesetzliches Erbrecht zu.[374] De facto erleidet auch nur dieses eheliche Stiefkind erbrechtlich einen Nachteil aus der Beziehung seiner Eltern, sollte es zum Eintritt der gesetzlichen Erbfolge nach seinem leiblichen Elternteil kommen, ohne dass der Stiefelternteil bereits vorverstorben ist.

Nimmt man also die Ehe der Eltern als zwingendes Kriterium für einen Erbersatzanspruch von Stiefkindern nach ihren Stiefelternteilen mit auf, so könnte man in der Folge hinsichtlich des Erlöschens dieses Anspruchs an eine Parallele zu § 1933 BGB denken, da klärungsbedürftig ist, was mit dem Anspruch geschieht, wenn sich die (Stief-)Eltern trennen bzw. deren Ehe geschieden werden sollte.

Die Beziehung zwischen Stiefkind und Stiefelternteil findet ihren Ursprung unumgänglich in der Partnerschaft zwischen leiblichem und Stiefelternteil.

373 so wörtlich für das deutsche Recht: Röthel, Anne, Ist unser Erbrecht noch zeitgemäß? Gutachten A zum 68. DJT, Band I Gutachten Teil A, A 9-A 112, A 15.

374 so auch Muscheler, StAZ 2006, 189, 198.

Die Trennung der Eltern führt häufig dazu, dass der Kontakt zwischen Stiefelternteil und Stiefkind ebenfalls abbricht. Soll also die Trennung der Eltern zur Folge haben, dass auch der Erbersatzanspruch des Stiefkindes ausgeschlossen sein soll?

Gem. § 1933 BGB ist das Erbrecht des überlebenden Ehegatten ausgeschlossen, wenn zur Zeit des Todes die Voraussetzungen für die Scheidung der Ehe gegeben waren und der Erblasser die Scheidung beantragt oder ihr zugestimmt hatte. Orientiert man sich auch hinsichtlich des Erbersatzanspruchs von ehelichen Stiefkindern an dieser Regelung, so hätte das zur Folge, dass der Anspruch nicht mehr bestehen würde, sobald die Voraussetzungen des § 1933 BGB vorliegen würden.

Diese Herangehensweise weist jedoch deutliche Schwächen auf.

Lassen sich die Eltern scheiden oder entscheiden sich für eine Trennung, so treffen sie diese Entscheidung bewusst, weil sie für ihr gemeinsames Zusammenleben keine Zukunft mehr sehen. Hierauf hat das Kind, egal ob es sich um ein leibliches Kind oder um ein Stiefkind handelt, keinen Einfluss. Es wird mit der Entscheidung der Eltern konfrontiert und die Folgen dieser Entscheidung treffen es unvermittelt, ob es nun will oder nicht.

Allein aus der Scheidung oder Trennung der Eltern den Schluss zu ziehen, die Beziehung zwischen Stiefelternteil und Stiefkind würde enden, geht zu weit. Mag dies in der Realität auch häufig der Fall sein, so lässt sich doch kein Pauschalurteil diesbezüglich fällen. So kann ein Interesse an der Fortführung der Beziehung durchaus gegeben sein. Damit einher geht sehr wahrscheinlich dann auch der Wunsch der finanziellen Absicherung des Kindes.

Aus diesem Grund soll die Beendigung der Beziehung der Eltern nicht auch automatisch zu einem Ausschluss des Erbersatzanspruchs des Kindes gegen seinen Stiefelternteil führen.

Eine Überlegung und weitere Diskussion diesbezüglich ist jedoch entbehrlich, wenn man die Ehe der Eltern nicht als zwingende Voraussetzung für einen Erbanspruch annimmt.

Gegen die Ehe der (Stief-)Eltern als Voraussetzung sprechen gewichtige Gründe.

Auch wenn diese Regelung de lege ferenda eine gewisse Sicherheit schaffen und sich an bereits bestehende Statusverhältnisse anlehnen würde, nämlich an der Schwägerschaft sowie der Ehe der (Stief-)Eltern, nützt diese Sicherheit und Einfachheit nicht, wenn es damit zu einer immensen Benachteiligung nichtehelicher Stiefkinder kommen würde. Diesen Kindern steht eine Entscheidung, in welcher Paarbeziehung ihre Eltern leben, nicht frei.

Auch taugt das Argument, ein Erbrecht bzw. ein Erbersatzanspruch ließe sich dem Stiefkind leichter zuweisen, wenn dies im Rahmen eines Statusverhältnisses geschieht, wie hier der Ehe seiner (Stief-)Eltern, für die Ehe als zwingende Voraussetzung nicht.

Zwar orientiert sich das gesetzliche Erbrecht de lege lata an den Statusverhältnissen zwischen Erbe und Erblasser, dies allein kann jedoch nicht der Grund sein, dass auch künftig nur der Status allein den Grund für die Zuweisung von (Erb-)Rechten darstellt.

Bestes Beispiel hierfür ist aktuell § 1686a BGB, der die Rechte des leiblichen, nicht rechtlichen Vaters regelt.

Mit der Einführung von § 1686a BGB[375] hat der Gesetzgeber nicht nur den leiblichen, nicht rechtlichen Vater in seiner Rechtsposition weiter gestärkt, er hat auch bewiesen, dass eine Zuordnung eben dieser Rechte unabhängig von einem Statusverhältnis möglich ist. Die rechtliche Verbundenheit zwischen Vater und Kind ist eben gerade nicht notwendig, die leibliche Vaterschaft genügt. Es ist noch nicht einmal, wie früher von § 1685 Abs. 2 BGB gefordert, eine sozial-familiäre Beziehung notwendig.

Zudem ist es noch nicht allzu lange her, dass es der Gesetzgeber endlich geschafft hat, die erbrechtliche Benachteiligung von nichtehelichen Kindern beiseite zu schaffen und eine Gleichbehandlung aller Kinder herbeizuführen. Würde man den Erbersatzanspruch nur ehelichen Stiefkindern einräumen, würde dies wieder zu einer Aufspaltung innerhalb der Stiefkindschaft führen. Man müsste zwischen ehelichen und unehelichen Stiefkindern unterscheiden und hätte damit erneut eine erbrechtliche Ungleichbehandlung einer bestimmten Gruppe von Kindern, die ihrerseits jedoch keinen Einfluss darauf haben, ob sie in einer ehelichen oder nichtehelichen Stieffamilie leben.

Auch verfehlt die Lösung, nur eheliche Stiefkinder in den Genuss eines Erbersatzanspruchs nach ihrem Stiefelternteil kommen zu lassen,[376] doch den eigentlichen Zweck der Schaffung einer neuen Regelung. Dieser besteht darin, alle Stiefkinder abzusichern. Es wurde bereits darauf hingewiesen, dass insbesondere den nichtehelichen Stiefkindern eine hohe Schutzbedürftigkeit zukommt, insbesondere dann, wenn der Stiefelternteil verstirbt, ohne seinen Nachlass testamentarisch geregelt zu haben. In diesem Fall steht dem leiblichen Elternteil des Kindes als nichtehelicher Lebenspartner kein gesetzlicher Erbanspruch zu, von dem das Kind mittelbar profitieren könnte. Ist jetzt der leibliche Elternteil selbst nicht erwerbstätig, z. B. weil er sich um die Erziehung der Kinder gekümmert hat, so kann der Tod des Partners zu einer enormen finanziellen Verschlechterung der familiären Lebenssituation führen.

Im Ergebnis ist es nicht empfehlenswert, sich hinsichtlich eines etwaigen erbrechtlichen Anspruchs des Stiefkindes gegen seinen Stiefelternteil an der Partnerschaft der Eltern zu orientieren.

Diese Regelung würde nicht alle Stiefkinder erreichen, den nichtehelichen Stiefkindern bliebe eine erbrechtliche Absicherung nach ihrem Stiefelternteil weiterhin verwehrt, obwohl ihm hinsichtlich der Form des Zusammenlebens seiner Eltern jegliche Einflussmöglichkeit fehlt.

---

375 in Kraft getreten am 13.07.2013.

376 so auch Muscheler, StAZ 2006, 189, 198.

Das Endziel sollte wohl sein, die erbrechtliche Begünstigung der Stiefkinder nicht davon abhängig zu machen, ob das Stiefkind in einer durch Ehe formalisierten Stieffamilie lebt. Vielmehr sollten alle in den Haushalt aufgenommenen Kinder, die faktisch zur familiären Solidargemeinschaft gehören und demnach wie blutsverwandte Familienangehörige behandelt werden, einen Erbersatzanspruch gegenüber ihren Eltern erhalten, unabhängig davon, ob es sich um rechtliche, leibliche oder faktische Elternschaft handelt.[377]

Gegenstand einer Neuregelung in Bezug auf das Erbrecht von Stiefkindern sollte deshalb das unmittelbare Verhältnis zwischen Stiefelternteil und Stiefkind sein und nicht die Paarbeziehung zwischen Stiefelternteil und leiblichem Elternteil. Das Kind baut im besten Fall eine sozial-familiäre Beziehung zu seinem Stiefelternteil auf und nimmt ihn nicht nur als „Partner des Elternteils“ wahr.

b. Stiefelternschaft in Form von faktischer Elternschaft als Voraussetzung – Das Bestehen einer faktischen Eltern-Kind-Beziehung (sozial-familiäre Beziehung) als Voraussetzung

Lehnt man also die Ehe der Eltern als eine zu starre Vorgabe ab, um die Voraussetzungen des Anspruchs genauer zu konkretisieren, so ist fraglich, ob ein anderes Kriterium gefunden werden kann, damit der Anspruch nicht zu weit geht und der Kreis der Anspruchsberechtigten in sinnvoller Weise begrenzt werden kann.

Denn freilich gibt es genug Fälle, in denen sich die Partner erst in einem Alter kennenlernen, in denen sie keine Ehe mehr eingehen oder auch ein enger familiärer Beziehungsaufbau zu den Stiefkindern gar nicht mehr gewünscht oder möglich ist, weil die Kinder dem Kindesalter längst entwachsen oder nicht im Haushalt des Stiefelternteils aufgewachsen sind. Diese „Kinder“ würden ohne zusätzliches Kriterium folglich ebenfalls einen Erbersatzanspruch nach ihrem Stiefelternteil erhalten.

Infrage käme als Kriterium für den Anspruch deshalb das Vorliegen einer sozial-familiären Beziehung zwischen Stiefkind und Stiefelternteil, wodurch eine gewisse Eingrenzung der Anspruchsberechtigten gewährleistet werden würde.

Ansonsten würde der Erbersatzanspruch alle Stiefkinder begünstigen, ganz gleich, ob eine tatsächliche Eltern-Kind-Beziehung besteht oder nicht. Das Argument, dass auch das leibliche Kind als Abkömmling nach seinen Eltern gesetzlich erbberechtigt ist, auch wenn zu seinem Elternteil noch nie eine irgendwie geartete soziale Beziehung bestanden hat, taugt an dieser Stelle nicht.

Die Situationen sind nicht vergleichbar.

Hinter einem leiblichen Kind steht im Regelfall eine bewusste Entscheidung beider Elternteile für das Kind und die Elternschaft und damit auch für die rechtlichen Folgen, die diese Entscheidung mit sich bringt.

Der Stiefelternteil entscheidet sich hingegen nicht bewusst für das Kind, das von dem Partner mit in die Beziehung gebracht wird. Ihm steht es jedoch frei, dieses Kind auch

[377] zur näheren Ausgestaltung dieses Erbanspruchs s.u. Kapitel X.

sozial als sein Kind zu begreifen und die Rolle des faktischen Elternteils zu übernehmen. Entscheidet er sich hierfür, hat das im Normalfall zur Folge, dass er dieses Kind zu Lebzeiten auch mit unterhält. Diese Fürsorge soll nicht mit dem Tod des Stiefelternteils enden, sondern auch darüber hinaus eine finanzielle Absicherung für das Kind bieten. Diese Absicherung könnte durch einen gesetzlich geregelten Erbersatzanspruch gewährleistet werden.

Um die genauen Voraussetzungen für das zusätzliche Kriterium der sozialen Elternschaft festzulegen, soll zunächst geklärt werden, was unter dem Begriff „Elternschaft" tatsächlich zu verstehen ist.

Es gibt drei Formen der Elternschaft, die genetische bzw. biologische, die rechtliche sowie die soziale – faktische – Elternschaft, die im Folgenden näher erläutert werden sollen.

Idealerweise fallen alle drei Formen der Elternschaft zusammen. In der Gesetzessprache des Bürgerlichen Gesetzbuchs kommen die Begriffe jedoch nicht vor. Dort wird lediglich von „Vater", „Mutter", „Vaterschaft", „Mutterschaft", „Kind" und „Eltern" gesprochen. Das Gesetz geht in diesem Zusammenhang von rechtlicher Elternschaft aus. Daraus wird deutlich, dass der Idealfall, den der Gesetzgeber hinsichtlich der Elternschaft vor Augen hat, die „Koinzidenz"[378] von genetischer, rechtlicher und sozialer Elternschaft ist. Allerdings treten in jüngster Zeit immer wieder Spannungen zwischen rechtlicher, genetischer und sozialer Elternschaft auf. Dabei steht die Frage im Vordergrund, welche Rolle rechtliche Elternschaft im Verhältnis zu sozialer Elternschaft spielt und welche Bedeutung ihr zukommt.[379]

Die Grundlage der biologischen, genetischen Elternschaft bildet die Abstammung.[380] Sie ordnet das Kind seinen Eltern zu und begründet damit auch gleich das Verwandtschaftsverhältnis zwischen beiden, vgl. § 1589 S. 1 BGB. Die Abstammung bewirkt also die statusrechtliche Zuordnung zwischen Eltern und Kind.

Genetisch stammt ein Kind von denjenigen Personen ab, aus deren Keimzelle sich sein Leben gebildet hat.[381]

Die rechtliche Elternschaft von Mutter und Vater ergibt sich aus § 1591 und § 1592 BGB sowie aus §§ 1741 ff. BGB. Der Gesetzgeber sieht sie als die von der Natur gegebene Elternschaft an, erkennt sie deshalb rechtlich an und versieht sie zusätzlich mit staatlichem Schutz.[382]

Demnach gilt die Frau als die Mutter eines Kindes, die es geboren hat. Eine Willenserklärung oder die Übernahme der Mutterrolle ist nicht erforderlich.[383]

---

378 Schwab, Die Begriffe der Elternschaft, S. 46.

379 Schwenzer, Familienrecht für das 21. Jahrhundert, S. 13.

380 In der heutigen Zeit kommt es aufgrund von Leihmutterschaft und Eizellenspende immer häufiger auch in Deutschland zu einem Auseinanderfallen von biologischer und genetischer Mutterschaft.

381 Schwab, Familienrecht, § 47 Rn. 569.

382 Schwab, Die Begriffe der Elternschaft, S. 46.

383 MüKo/Wellenhofer, § 1591 Rn. 4.

Die fortgeschrittene Fortpflanzungsmedizin bringt es jedoch mit sich, dass genetische (Herkunft der Eizelle) und biologische bzw. rechtliche (Austragung und Geburt) Mutterschaft auseinanderfallen können.[384] Der Grundsatz mater semper certa est gerät dadurch ins Wanken. Die durch § 1591 BGB geschaffene Fiktion der Mutterschaft berücksichtigt diesen Fall des Auseinanderfallens von genetischer und biologischer Mutterschaft nicht. Vielmehr ist es sogar verboten, die Mutterschaft genetisch feststellen zu lassen.[385]

Die rechtliche Vaterschaft bestimmt sich nach § 1592 BGB. Vater eines Kindes ist der Mann, der zum Zeitpunkt der Geburt mit der Mutter des Kindes verheiratet war, § 1592 Nr. 1 BGB, der die Vaterschaft anerkannt hat, § 1592 Nr. 2 BGB, oder dessen Vaterschaft nach § 1600 d oder § 182 Abs. 1 FamFG gerichtlich festgestellt ist, § 1592 Nr. 3 BGB.

Auch durch Adoption kann ein Kind den rechtlichen Status eines gemeinschaftlichen Kindes der Ehegatten erlangen, § 1754 Abs. 1 BGB. In diesem gesetzlich geregelten Fall kommt es, wenn auch nicht zwingend, zu einem Auseinanderfallen von genetischer und rechtlicher Elternschaft.

Wenn auch im Gesetz von sozialer Elternschaft keine Rede ist, bedeutet dies nicht gleichzeitig, dass dem Gesetzgeber nicht bewusst ist, dass es diese Art von Elternschaft durchaus gibt, indem rechtliche und soziale Elternschaft auseinanderfallen.

Die Begriffe psychologische, emotionale, soziale und faktische Elternschaft unterscheiden sich dabei nur geringfügig,[386] weshalb darauf verzichtet werden soll, die wissenschaftliche Herkunft dieser Begriffe im Einzelnen zu erläutern.[387] Vielmehr sollen sie als Synonyme für die Beschreibung der Beziehung verstanden werden, die eine Person zu einem Kind aufbaut, obwohl beide nicht aufgrund biologischer Elternschaft miteinander verwandt sind, die Qualität der Beziehung aber mit der leiblicher Eltern zu ihren Kindern durchaus vergleichbar ist.[388] Auch das OLG Karlsruhe führt aus, dass die existentielle Eltern-Kind-Beziehung nicht an die leibliche Elternschaft gebunden sei.[389] Eine solche Beziehung baut sich durch Pflege und Zuwendung auf, die eine Bezugsperson dem Kind über längere Zeit entgegenbringt.[390] Damit kann sich auch zwischen Stiefeltern und Stiefkindern eine Beziehung entwickeln, die alle psychologischen Elemente einer gut funktionierenden Eltern-Kind-Beziehung enthält. In dieser Familienkonstellation nimmt auch der Stiefelternteil Elternaufgaben wahr und übernimmt Verantwortung für das Kind. Es entsteht im besten Fall eine seelische Bindung zwischen beiden. Soziale Elternschaft gibt

384 Staudinger/Rauscher, § 1591 Rn. 3, 7; Schwenzer, Familienrecht für das 21. Jahrhundert, S. 14.

385 MüKo/Wellenhofer, § 1591 Rn. 24.

386 Im Regelfall besteht zwischen den biologischen/genetischen Eltern und ihren Kindern, vorausgesetzt sie leben in einer Familie zusammen, aufgrund der seelischen Bindung auch eine psychologische, soziale Elternschaft. Soziale Elternschaft stellt damit kein aliud zur biologischen Elternschaft dar, Staudinger/Rauscher, Einl. zu §§ 1589-1600d Rn. 22. Der Begriff „faktische Elternschaft" dient hingegen der klaren Abgrenzung zur Elternschaft iSv §§ 1591 ff., 1741 BGB.

387 vgl. zur ausführlichen Erläuterung: Carré-Jersch, Das Stiefkindverhältnis, S. 73-77; Knöpfel, FamRZ 1983, 317 f.

388 BGH, NJW 1999, 3718, 3719; FamRZ 2005, 975, 976; Lempp, Referat zum 54. DJT, Band II, S. I 43, I 53.

389 OLG Karlsruhe, FamRZ 1997, 57, 58.

390 OLG Hamm, 15 W 35/95, FamRZ 1995, 1507; Lempp, NJW 72, 315.

es nicht nur in Stief – und Patchworkfamilien. Vielmehr tritt sie auch in Adoptions – und Pflegefamilien auf.[391]

Stellt man demnach allein auf die soziale, tatsächliche Beziehung zwischen Eltern und Kindern ab, wie es auch der Familienbegriff des *EGMR* nach ständiger Rechtsprechung tut[392], so ist es empfehlenswert, auch die faktische Elternschaft abhängig von bestimmten Kriterien zu machen. Lempp hat sich bereits 1982 mit der faktischen Elternschaft auseinandergesetzt und den Versuch einer Definition unternommen. Demnach sind Eltern männliche und weibliche Erwachsene, die sich in gemeinsamer Sorge um das Kind bemühen, mit ihm zusammenleben, bereit sind, mit dem Kind eine affektive Beziehung einzugehen und sich gleichzeitig als Identifikationsobjekte anbieten.[393]

Auch wenn der Gesetzgeber nicht ausdrücklich von sozialer Elternschaft spricht, so hat er diesbezüglich doch eine andere Bezeichnung in das Gesetz aufgenommen, die die soziale Elternschaft mitumfasst, im Ganzen aber darüber hinausreicht: die sozial-familiäre Beziehung in § 1600 Abs. 2, 3, 4; § 1685 Abs. 2 BGB.

Der Terminus geht auf die Rechtsprechung des Bundesverfassungsgerichts zurück. Entwickelt wurde er, um die Rechtsposition des leiblichen, nicht rechtlichen Vaters, aber gleichzeitig auch die des rechtlich-sozialen, aber nicht leiblichen Vaters zu stärken.[394]

Was die Kriterien bzw. die Voraussetzungen einer sozial-familiären Beziehung zwischen Stiefkind und Stiefelternteil und damit das Bestehen einer faktischen Elternschaft angeht, so ist eine Orientierung an den Grundsätzen des Bundesverfassungsgerichts und § 1685 Abs. 2 BGB sinnvoll.

Die sozial-familiäre Beziehung leitet das Bundesverfassungsgericht aus der Wahrnehmung der tatsächlichen Verantwortung ab. Danach liegt eine sozial-familiäre Beziehung immer dann vor, wenn der (rechtliche) Vater im maßgeblichen Zeitpunkt die tatsächliche Verantwortung für das Kind trägt oder getragen hat.

§ 1600 Abs. 3 BGB wiederholt diese Legaldefinition und gestaltet sie unter Zuhilfenahme zweier Regelbeispiele als widerlegbare Vermutung aus.[395]

Inhaltlich kann mit dem Merkmal der sozial-familiären Beziehung letztlich nur das Familienverhältnis i.S.d. Art. 6 Abs. 1 GG gemeint sein, und zwar auch das zwischen Stiefkind und Stiefelternteil. Im Anschluss gilt es sinnvollerweise zu hinterfragen, inwieweit das Kind in der Familie verwurzelt ist, auch wenn eigentlich eine bloße Orientierung am Merkmal des Tragens der Verantwortung ausreichend wäre.[396]

Vielmehr noch sind dabei jedoch der besondere Einzelfall und sog. qualitative Faktoren entscheidend, um das Bestehen einer sozial-familiären Beziehung anzunehmen, so

391 Staudinger/Rauscher, Einleitung zu §§ 1589-1600d, Rn. 26.

392 EGMR, NJW 1979, 2449; EGMR, NJW 1995, 2153; EGMR, NJW 2011, 3565; EGMR, NJW 2012, 2781; EGMR, NJW 2015, 2319.

393 Lempp, Referat zum 54. DJT, I 43, 53 ff.

394 BVerfG, 09.04.2003 = FamRZ 2003, 816.

395 BGH NJW 2007, 1677; BeckOGK/ Reuß, § 1600, Rn. 86 f.

396 Will, FPR 2005, 172, 177.

z. B. das Bestehen und die Intensität von persönlichem Kontakt oder der Einbezug des Stiefvaters in wesentliche Entscheidungen, die das Kind betreffen. Die Beziehung zwischen Stiefvater und Stiefkind sollte eine gewisse Intensitätsschwelle erreicht haben, damit von einem Tragen von tatsächlicher Verantwortung gesprochen werden kann. Zumindest muss das Tragen der Verantwortung auf Dauer angelegt sein, eine einmalige Übernahme von Verantwortung reicht nicht aus.[397]

Wünschenswert wäre, den realen Beziehungs – und Familienstrukturen und damit auch der sozialen-faktischen Elternschaft einen höheren Stellenwert einzuräumen, ja ihr sogar einen angemessenen rechtlichen Rahmen zu bieten.[398]

Kritiker werden an dieser Stelle sicher darauf aufmerksam machen, dass eine Neukonzipierung des Erbrechts des Stiefkindes, bei der nicht mehr an den rechtlichen Status der Eltern in Bezug auf das Kind, sondern an die rein faktische Beziehung des Kindes zu seinen Eltern angeknüpft werde, eine momentan nicht zu realisierende Vision sei[399]. Jedoch sieht man an der Aufhebung des Status „nichteheliches Kind", dass aufgrund der veränderten gesellschaftlichen Rahmenbedingungen und des öffentlichen Drucks nicht nur eine Aufhebung veralteter Institute, sondern auch eine Schaffung eines neuen Anspruchs möglich sein sollte.

Nichtsdestotrotz müssen die unmittelbare Beziehung und die damit verbundenen Rechte und Pflichten der Grundstein und die Basis gesetzlicher Regelungen sein, und zwar unabhängig von der Paarbeziehung der Eltern. Die Beziehung zwischen Stiefkind und Stiefelternteil steht im Vordergrund, wird tatsächlich gelebt und stellt ein ganz eigenständiges Verhältnis dar.

Der Prozess der Abgrenzung des Kindesverhältnisses von der Ehe der Eltern hat auch hier seine Berechtigung. Bedenken im Hinblick auf die tatbestandliche Erfassbarkeit und Abgrenzbarkeit von „nichtehelichen Lebensgemeinschaften" haben zurückzutreten, seit das BVerfG diese Lebensform als „typische Erscheinung des sozialen Lebens" im Sinne einer „Verantwortungs – und Einstehensgemeinschaft"[400] eingestuft und für regelbar gehalten hat.[401]

Gesteht man grundsätzlich allen Stiefkindern eine gesetzliche Teilhabe am Nachlass ihres Stiefelternteils zu, so beseitigt man dadurch ganz nebenbei auch das Problem, dass sich Stiefeltern häufig gedrängt sehen, ihr Stiefkind zu adoptieren, um das Verhältnis zu ihnen zu verrechtlichen, damit den Kindern im Fall ihres Todes ein Erbanspruch auch ohne testamentarische Regelung zusteht.

Ebenso verliert die Tatsache, dass es nur verheirateten Stiefeltern offensteht, ihr Stiefkind zu adoptieren und die damit einhergehende Diskussion, auch nichtehelichen Stiefeltern diese Möglichkeit zu geben, zumindest erbrechtlich an Bedeutung, was vor al-

397 BeckOGK/Reuß, § 1600, Rn. 86 f. m.w.N.

398 Helms, Gutachten F, F 9.

399 Schumann, Das nichteheliche Kindschaftsrecht, S. 7.

400 BVerfG vom 17.11.1992, EzFamR Nr. 6 zu Art. 3 GG.

401 Coester, Rechtsbeziehungen Stiefelternteil und Stiefkind, S. 139.

lem unter dem sozialwissenschaftlichen Gesichtspunkt, dass eine Stiefkindadoption in der Realität mehr Schwierigkeiten als Vorteile mit sich bringt, sehr begrüßenswert erscheint. Stiefeltern wird so die Entscheidung „alles oder nichts" abgenommen. Momentan können sie entweder gar keine oder eine vollwertige endgültige rechtliche Elternrolle einnehmen.

Des Weiteren trägt die Schaffung eines solchen Anspruchs auch der Realität in der Art und Weise Rechnung, dass die Mehrheit der Bevölkerung in Deutschland eben gerade kein Testament verfasst, weil sie sich darauf verlässt, dass der Gesetzgeber die gesetzliche Erbfolge so ausgestaltet hat, dass sie der familiären Wirklichkeit Rechnung trägt. Die gesetzliche Erbfolge soll den Grundfall regeln. Mit der gewillkürten Erbfolge können dann die Ausnahmen geschaffen werden. Wenn sich nun aber diese sozial-familiäre Wirklichkeit in den letzten Jahren dahin gewandelt hat, dass es immer häufiger Kinder gibt, die in Familien aufwachsen, in denen eben nicht das vom Gesetzgeber favorisierte Familienbild herrscht, in dem idealerweise soziale und rechtliche Elternschaft zusammenfallen und das Ehepaar mit seinen gemeinsamen Kindern lebt, sondern eine Segmentierung der Elternschaft vorliegt, dann ist es wohl an der Zeit, den Kreis der gesetzlich erbberechtigten Kinder auf Stiefkinder zu erweitern.

Bezieht man nun also auch Stiefkinder in die gesetzliche erbrechtliche Absicherung mit ein, so schadet ihnen die Tatsache nicht mehr, dass in Deutschland nur so selten die Möglichkeit der gewillkürten Erbfolge in Anspruch genommen wird.

Die sozial-familiäre Beziehung von Stiefkind und Stiefelternteil stellt ein passendes Kriterium dar und sichert zumindest ein gewisses Maß an familiärer Verbundenheit.

Auch wenn, wie oben festgestellt, die Ehe der Eltern nicht als zwingendes Kriterium für einen Erbersatzanspruch taugt, so könnte man doch daran denken, ob die nötige Festigkeit der Elternbeziehung, die bei Bestehen einer Ehe zu vermuten ist, einen Rückschluss auf die sozial-familiäre Beziehung zwischen Stiefelternteil und Stiefkind zulässt und damit eine Beweiserleichterung[402], möglicherweise sogar eine Beweislastumkehr[403] gegeben wäre.

Beweisbelastet wäre im vorliegenden Fall das Stiefkind, da es Anspruchsteller ist und damit die rechtsbegründenden Tatsachen darzulegen hat.

Im Falle des Beweises des Vorliegens einer sozial-familiären Beziehung zwischen ihm und seinem verstorbenen Stiefelternteil könnte die Ehe des Stiefelternteils und des leiblichen Elternteils zu einer Beweiserleichterung oder sogar zu einer Beweislastumkehr in Bezug auf dieses Merkmal führen.

Ebenso könnte das Zusammenleben in einem gemeinsamen Haushalt ein Indiz für das Bestehen einer faktischen Eltern-Kind-Beziehung sein und somit ebenfalls zu einer Be-

402 Der Begriff der „Beweiserleichterung" ist nicht fest umrissen. Man könnte allenfalls davon sprechen, dass es sich um eine Art Minus gegenüber dem üblicherweise von der beweisbelasteten Partei zu führenden Beweis handelt, vgl. Baumgärtel, Beweislastpraxis im PrivatR, 1996, Rn. 468 f.

403 BGH, NJW 1972, 1520; Laumen, NJW 2002, 3739.

weiserleichterung für das Vorliegen einer sozial-familiären Beziehung und für einen Erbersatzanspruch des Stiefkindes sein.

Den komplizierten Weg über eine mögliche Beweiserleichterung bis hin zu einer Beweislastumkehr müsste man nicht einschlagen, wenn man materiellrechtlich dahingehend eine widerlegbare Vermutung mit in den Anspruch aufnimmt.

Zieht man an dieser Stelle die Parallele zu § 1600 Abs. 3 BGB und der dort geforderten sozial-familiären Beziehung, so besteht eine solche die Anfechtung der Vaterschaft durch den leiblichen Vater ausschließende sozial-familiäre Beziehung, wenn der rechtliche Vater zum maßgeblichen Zeitpunkt (letzte mündliche Verhandlung[404]) für das Kind tatsächliche Verantwortung trägt. In der Regel ist davon auszugehen, wenn der rechtliche Vater entweder mit der Mutter des Kindes verheiratet ist oder mit dem Kind längere Zeit in häuslicher Gemeinschaft zusammengelebt hat. Hierbei handelt es sich um widerlegliche Regelvermutungen, vgl. § 1600 Abs. 3 S. 2 BGB.

So könnte man sich auch bei der Neuregelung des Erbrechts des Stiefkindes an den Regelbeispielen aus § 1600 Abs. 3 BGB orientieren, so dass die Ehe der (Stief-)Eltern bzw. das Zusammenleben von Stiefkind und Stiefelternteil in einem gemeinsamen Haushalt über einen gewissen Zeitraum dazu führen, dass in diesen Fällen widerleglich vermutet würde, dass zwischen Stiefkind und Stiefelternteil eine sozial-familiäre Beziehung gegeben ist.

Jedoch weisen beide Regelbeispiele deutliche Schwächen auf.

Was die erste Vermutung angeht, so erscheint es fraglich, warum so einfach ein Rückschluss von der Ehe der Eltern auf die Beziehung zwischen Kind und sozialem, rechtlichen Vater gezogen wird. So sagt doch allein die Paarbeziehung der Eltern noch nicht viel über die sozial-familiäre Beziehung zwischen Vater und Kind aus.

Natürlich zielt die gesetzliche Vermutung zuerst auf die Übernahme der tatsächlichen Verantwortung ab, in einem zweiten Schritt wird jedoch vermutet, dass der Ehemann der Mutter diese Verantwortung ausübt und somit in einer sozial-familiären Beziehung zu dem Kind steht.[405]

Bei nichtehelichen Kindern bleibt für den Nachweis einer sozial-familiären Beziehung, auch wenn sie aus einer intakten Familie stammen, somit nur der Weg über das zweite Regelbeispiel, die „häusliche Gemeinschaft" über eine „längere Zeit".

Im Rahmen der sozial-familiären Beziehung muss jedoch stets der gesetzgeberische Zweck, die Wahrung des Kindeswohls in Form des Fortbestandes des rechtlichen Rahmens einer intakten sozialen Beziehung zwischen rechtlichem Vater und Kind, im Fokus stehen. Hierfür ist nicht ausschlaggebend, ob die Eltern in einer ehelichen Partnerschaft leben.

---

404 Etwas anderes gilt lediglich in Fällen einer bewussten Verfahrensverzögerung, *OLG Karlsruhe* NJW-RR 2010, 794.

405 so auch Löhnig, NZFam 2017, 141, 142.

Eine sozial-familiäre Beziehung kann sich ebenso in einer faktischen Familie entwikkeln, und auch zwischen alleinerziehendem Vater und Kind. Selbst wenn die rechtlichen Eltern getrennt leben, so kann es auch dann, wenn Vater und Kind regelmäßig den Kontakt miteinander pflegen, bei einer sozial-familiären Beziehung bleiben.[406] Entscheidend ist deshalb vielmehr, dass ein enges Vertrauensverhältnis zwischen rechtlichem Vater und Kind eine für das Kind ganz zentrale Beziehung, begründet worden ist, welches gegenwärtig fortbesteht und das Kind trägt; hierfür spielt – wie auch ansonsten bei gemeinsamer rechtlicher Elternschaft – die Ebene der Paarbeziehung zwischen den Eltern keine Rolle.[407]

Was das Kriterium „längere Zeit" in § 1600 Abs. 3 S. 2 BGB angeht, so gibt es sicherlich auch an dieser Stelle Definitionsschwierigkeiten.

Der unbestimmte Rechtsbegriff „längere Zeit" ist relativ unkonkret gestaltet; wie lang dieser Zeitraum tatsächlich sein muss, um von einer Übernahme der tatsächlichen Verantwortung auszugehen, wird der gerichtlichen Praxis in jedem Einzelfall überlassen.[408]

Bezugnehmend auf die Stieffamilie ging Helms in seinem grundlegenden Gutachten zum DJT 2016 von etwa zwei Jahren zur Etablierung einer Stiefkindfamilie aus,[409] wobei bei Säuglingen und Kleinkindern mit Sicherheit auch schon ein kürzerer Zeitraum ausreichend sein wird, um eine sozial-familiäre Beziehung zwischen Stiefvater und Stiefkind anzunehmen. An dieser Stelle kommt es bei der Beurteilung des Zeitraums wohl auch auf die Intensität der Beziehung sowie auf qualitative Faktoren dieser Beziehung an.[410]

Aus den genannten Gründen sollte bei der Neufassung eines Erbersatzanspruchs nur eine widerlegliche Vermutung in der Gestalt mit in das Gesetz aufgenommen werden, dass immer dann von einer sozial-familiären Beziehung zwischen Stiefkind und Stiefelternteil ausgegangen werden kann, wenn diese „längere Zeit in häuslicher Gemeinschaft zusammengelebt haben". Die Paarbeziehung der Eltern soll an dieser Stelle keine Rolle spielen.

c. Bedürftigkeit des Stiefkindes

Ziel der Einführung eines Erbersatzanspruches für Stiefkinder sollte wie bereits erwähnt sein, für diese Kinder eine gewisse Grundabsicherung zu schaffen, für den Fall, dass der Stiefelternteil verstirbt und diese Kinder in der Folge finanziell völlig schutzlos gestellt sind.

Dies kann aus vielerlei Gründen der Fall sein. Ganz gleich, ob der Stiefelternteil der Hauptverdiener der Familie war und das noch minderjährige Kind zu Lebzeiten von diesem unterhalten wurde oder das Kind sich momentan noch in der Ausbildung befindet.

406 so bspw. *OLG Frankfurt* FamRZ 2007, 174.

407 so auch Löhnig, NZFam 2017, 141, 142.

408 vgl. BT-Drucksache, 15/2253, S. 11.

409 *Helms*, Gutachten F zum 71. DJT, F 68.

410 so auch Löhnig, NZFam 2017, 141, 142.

Wenn zusätzlich eine Ehe des Stiefelternteils mit dem leiblichen Elternteil nicht bestanden hat, so ist auch über § 1931 BGB keine mittelbare Absicherung des Kindes gegeben. Dem Kind droht eventuell Bedürftigkeit. Damit einher geht die Frage, ob der Erbersatzanspruch generell bei Vorliegen der bisher genannten Voraussetzungen zum Tragen kommen soll oder ob konkret Bedürftigkeit bestehen oder zumindest drohen muss.

Aus diesem Grund könnte zusätzlich zu dem Kriterium der sozial-familiären Beziehung noch die Bedürftigkeit des Stiefkindes als Voraussetzung für einen Erbersatzanspruch mitaufgenommen werden.

Man könnte sich auf den Standpunkt stellen, dass die Orientierung an der Bedürftigkeit grundsätzlich der Versorgungsfunktion[411], die auch das deutsche Erbrecht kennt, Rechnung trägt, gerade auch im Hinblick auf das Pflichtteilsrecht. Auch wenn dieses gerade bedürfnisunabhängig ausgestaltet ist, so könnte man doch vertreten, dass gerade die zwingende Nachlassteilhabe naher Angehöriger eine gewisse Bedürftigkeit des Pflichtteilsberechtigten impliziert.[412]

Jedoch wird gerade durch den Pflichtteilsanspruch eine bedarfsunabhängige Mindestbeteiligung der Abkömmlinge garantiert.[413] Hinsichtlich etwaiger gesetzlicher Erbansprüche[414] ist das Kriterium der Bedürftigkeit dem deutschen Erbrecht demnach völlig fremd.[415]

Zwar gibt es im europäischen Vergleich in einigen common-law-Jurisdiktionen eine vergleichbare Situation, die vorsieht, Stiefkinder, die ihre Bedürftigkeit nachweisen können, durch das Institut der family provision[416] in gewisser Weise finanziell abzusichern. So können sie, falls sie zur Zeit des Erbfalls vom Erblasser abhängig waren, vom Gericht die Zahlung eines angemessenen Betrages aus dem Nachlass verlangen, wenn sie weder kraft Gesetzes noch durch letztwillige Verfügung etwas erhalten haben. Ob und wie viel diese Personen bekommen, entscheidet das Gericht nach seinem Ermessen unter Würdigung der konkreten Situation.

Und auch in Polen hat der erkennende Richter ein Ermessen, einen Pflichtteils-, Pflichtteilsrest – oder Pflichtteilsergänzungsanspruch in besonderen Fällen, etwa bei Bedürftigkeit eines Erben oder einer vom Erblasser zu seinen Lebzeiten beschenkten Per-

411 so auch hinsichtlich des Pflichtteilanspruchs: Henrich, DNotZ 2001, 441, 448.

412 vgl. hierzu BeckOGK/Obergfell, § 2303, Rn. 10.

413 BVerfGE 112 = NJW 2005, 1561 (1564).

414 Allenfalls beim Bedürftigentestament taucht das Kriterium im deutschen Erbrecht auf. Hierunter versteht man ein Testament zugunsten sozialhilfebedürftiger bzw. überschuldeter Personen, s. hierzu auch Manthey/Trilsch, ZEV 2015, 618. Und auch das Recht der DDR machte das Pflichtteilsrecht von Abkömmlingen von ihrer Unterhaltsberechtigung abhängig (§396 Abs. 1 Nr. 2 ZGB); dies setze wiederum Bedürftigkeit voraus. Damit war das Pflichtteilsrecht praktisch auf minderjährige oder sich in Ausbildung befindliche Kinder beshränkt, vgl. auch Henrich, DNotZ 2001, 441, 448.

415 vgl. auch Coing, Gutachten A zum 49. DJT, A 54 f.

416 s. hierzu Meyer, Pflichtteilsrecht, § 19.

son oder aufgrund eines Fehlverhaltens des Pflichtteilsberechtigten, zu mindern oder gar ganz abzulehnen.[417]

Nichtsdestotrotz ist das deutsche Erbrecht bei seinen gesetzlichen Ansprüchen, wie bereits gesagt, bedürfnisunabhängig ausgestaltet. Dies sollte auch in Zukunft so bleiben.

Zudem würde das Kriterium der Bedürftigkeit als zwingende Voraussetzung dazu führen, dass der Kreis der Anspruchsberechtigten in der Weise verkleinert wird, dass tatsächlich nur das Stiefkind einen Anspruch hätte, das außerstande ist, sich selbst zu unterhalten. Zwar soll der Anspruch den Stiefkindern, wie eben angeführt, ein gewisses Maß an Sicherheit gewährleisten, die ohne diese erbrechtliche Absicherung nach dem Tod des Stiefelternteils nicht gewährleistet wäre. Es geht darum, Stiefkinder nach dem Tod ihres Stiefelternteils vor einer drohenden Verarmung zu sichern und ihnen unter bestimmten Voraussetzungen so eine gewisse Mindestteilhabe am Nachlass zu sichern.

Auf der anderen Seite soll aber gerade auch wegen des Kriteriums der sozial-familiären Beziehung eben genau diese Beziehung zwischen Stiefelternteil und Stiefkind honoriert werden.

Es geht damit nicht einzig um die finanzielle Absicherung, sondern eben auch um die Familie als solche und um die in ihr vorherrschenden Nähebeziehungen.

Aus diesem Grund taugt das Kriterium der Bedürftigkeit nicht als Voraussetzung für einen Erbersatzanspruch des Stiefkindes.

d. Altershöchstgrenze

Auch wenn ein wichtiger Grund eines zukünftigen Erbersatzanspruchs darin liegen sollte, die sozial-familiäre Beziehung zwischen Stiefkindern und Stiefeltern zu honorieren und wertzuschätzen, so ist, um dem Versorgungs – und Absicherungsgedanken eines solchen Anspruchs des Stiefkindes gerecht zu werden, eine Altershöchstgrenze des Anspruchsinhabers, die zu einem Ausschluss des Anspruchs führt, unabdingbar. Nur so kann sichergestellt werden, dass der Anspruch nur in solchen Fällen zum Tragen kommt, in denen tatsächlich mit einer finanziellen Gefährdung des Stiefkindes zu rechnen ist.

Sinnvoll erscheint hier die Vollendung des fünfundzwanzigsten Lebensjahres.

Mit dem Erreichen dieses Alters ist üblicherweise davon auszugehen, dass das Kind seine Schulausbildung und eventuell auch seine erste Berufsausbildung vollendet hat und somit finanziell auf eigenen Beinen steht und für sich selbst sorgen kann.

Die Altershöchstgrenze soll jedoch nicht automatisch zu einem Verlust des Anspruchs führen. Sollte das Stiefkind mit fünfundzwanzig seine Berufsausbildung noch nicht abgeschlossen haben, so ist die Altershöchstgrenze durch den Zeitpunkt der Beendigung der ersten Berufsausbildung zu ersetzen. Der Zeitraum, in dem der Anspruch besteht, verlängert sich somit um die Zeit einer Ausbildung.

Die sozialfamiliäre Beziehung sowie die Altershöchstgrenze des Stiefkindes reichen als zwingende positive Voraussetzungen des Anspruchs, um ein gewisses Grundgerüst

417 Miler, ZEuP 2018. 65, 67.

zu sichern und zu vermeiden, dass es zu einem zu großen Kreis von Anspruchsberechtigten kommt.

Auf das Kriterium der Ehe der Eltern soll als Voraussetzung hingegen bewusst verzichtet werden, da es zu einer unsachgemäßen Benachteiligung des nichtehelichen Stiefkindes führen würde.

3. Begünstigung gelebter Solidarität bereits durch die gewillkürte Erbfolge?

Natürlich kann man im Zusammenhang mit der Untersuchung, ob faktische familiäre Beziehungen im Erbrecht stärker berücksichtigt werden sollten, die Frage nicht außer Acht lassen, ob gelebte Solidarität durch die gewillkürte Erbfolge nicht schon ausreichend genug berücksichtigt wird, so dass eine Ausweitung auch auf die gesetzliche Erbfolge gar nicht mehr notwendig ist.

Dabei kommt sofort die Aussage von Langenfeld in den Sinn: „In der Testamentsgestaltung lebt das Erbrecht!“[418] und auch Husserl war sich seinerseits schon sicher: „Das gesetzliche Erbrecht passt selten!“[419]

Kritiker einer erweiterten erbrechtlichen Begünstigung von Stiefkindern mögen anführen, dass die gewillkürte Erbfolge dem Erblasser genug Möglichkeiten gibt, seinen Nachlass individuell zu verteilen. So kann gelebte Solidarität berücksichtigt werden, und zwar gänzlich unabhängig davon, ob zum Begünstigten eine statusrechtliche Verbindung bestand oder nicht.

Leider verkennen diese Stimmen jedoch, dass die Möglichkeit der individuellen Testierung für den Begünstigten aber auch Schattenseiten birgt. Er muss doch bis zum Tod des Erblassers andauernd befürchten, dass dieser seinen Willen ändert, ja ihm gegenüber vielleicht sogar revidiert und in der Folge an seiner statt jemand anderen begünstigt. Daraus könnte man ableiten, dass die Testierfreiheit individuelle Wohlverhaltensanreize vermittelt[420] und mit einem negativen Unterton von den potenziellen Erben fordert: Stell dich nur gut mit dem Erblasser, sonst gehst du womöglich am Ende leer aus.

Zudem bestehen durch die Möglichkeit der Testamentsanfechtung (§§ 2078, 2079 BGB) sowie generell durch die Regeln zu einer gültigen Testamentserrichtung (§§ 2064, 2065 BGB) Grenzen und Beschränkungen, die zu einer Einschränkung der Testierfreiheit führen.

Betrachtet man die Freiheit, individuell begünstigen zu können, jedoch von einer anderen Seite, so rückt in diesem Zusammenhang eher die Stärkung der Familienbeziehungen in den Vordergrund, ganz ohne einen negativen Beigeschmack. Es zeigt sich, dass eine Familie eben nicht nur durch Blutsverwandtschaft, sondern durch die Qualität der emotionalen und sozialen Beziehungen verbunden und geprägt wird und demzufolge auch stetig Bemühen und Einsatz fordert.[421]

418 Langenfeld, ZEV 2007, 453.

419 Husserl, Recht und Zeit, S. 78 f.

420 so Röthel, Solidaritätskonzept und Statusorientierung des Erbrechts, S. 93.

421 Dauner-Lieb, Das Pflichtteilsrecht, S. 22.

Des Weiteren spricht gegen das Argument der notwendigen Schmeichelei der zukünftigen Erben deren meist gegebene materielle Unabhängigkeit in unserer heutigen Gesellschaft. So ist das Machtpotenzial des Erblassers begrenzt.

Womöglich bedarf es also gar nicht der paternalistischen Hilfe des Gesetzgebers im Hinblick auf den Schutz der solidarisch-familiären Beziehungen im Erbrecht durch die Schaffung einer gesetzlichen Begünstigung.

Jedoch darf nicht außer Acht gelassen werden, dass das Argument der materiellen Unabhängigkeit für minderjährige Stiefkinder schon einmal nicht taugt. Anders als die leiblichen Kinder können sie sich auch nicht auf eine Mindesteilhabe am Nachlass in Form des Pflichtteils verlassen.

Das gesetzliche Erbrecht als Auffangtatbestand für den Fall eines unwirksamen Testaments greift bei Stiefkindern ebenfalls nicht.

Dem Argument, man brauche kein gesetzliches Erbrecht für Stiefkinder, da der Erblasser ja auch zu ihren Gunsten testieren könnte, ist weiterhin entgegenzuhalten, dass gesetzliche und gewillkürte Erbfolge den Erben jeweils aus eigenständigen Gesichtspunkten legitimieren. Die gesetzliche Erbfolge ist nicht deswegen abdingbar, weil ihr der (wirksam geäußerte) Erblasserwille vorgeht.[422] Vielmehr bietet die gewillkürte Erbfolge dem Erblasser gerade auch die Möglichkeit, von der gesetzlichen Erbfolge abzuweichen.

In diesem Zusammenhang darf deshalb nicht außer Acht gelassen werden, dass der Erblasser durch diese Testierfreiheit in seiner Entscheidung, wem er wieviel hinterlässt, sogar so frei ist, dass er sich womöglich gar nicht an irgendwelche Solidaritätsbeziehungen gebunden fühlt und somit einen gerechten Interessenausgleich innerhalb seiner Nähebeziehungen gar nicht anstrebt.[423] Im konkreten Fall kann sich das Stiefkind also auch trotz einer stabilen familiären Beziehung nicht darauf verlassen, dass der Stiefelternteil zu seinen Gunsten testiert.

So birgt die gewillkürte Erbfolge immer gewisse Risiken. Testiert ein Stiefelternteil zugunsten seiner Stiefkinder, darf nicht außer Acht gelassen werden, dass auch die Testierfreiheit gewisse Grenzen kennt.

So betrifft die Beschränkung der Testierfreiheit zum einen Altersgrenzen und die geistige Fähigkeit, ein Testament zu errichten. Hier muss die Testierfreiheit trotz ihrer starken Stellung notwendigerweise insoweit eingeschränkt werden, als der Erblasser nicht in der Lage ist, selbstverantwortlich zu handeln. Bei geistigen und körperlichen Gebrechen ist deshalb eine Begrenzung nicht nur zulässig, sondern geradezu geboten.[424]

Auf der anderen Seite stößt der Testierende auch im Hinblick auf das Pflichtteilsrecht an seine Grenzen. Er ist in der Verteilung seines Nachlasses nicht wirklich gänzlich frei, sondern immer an gewisse gesetzlich vorgegebene Grenzen gebunden. Diese Mindestbeteiligung der engeren Familie am Erbgut, gleich ob man sie verfassungsrechtlich nach

422 Windel, Über die Modi der Nachfolge, S. 221.

423 so auch Dutta, Warum Erbrecht?, S. 418.

424 so auch Führ, MittBayNot 2006, 461, 462

Art. 6 Abs. 1 GG einordnet oder zum institutionell verbürgten Gehalt der Erbrechtsgarantie angehörend sieht[425], so führt dies dennoch dazu, dass Stiefkinder, die allein testamentarisch bedacht werden, immer Gefahr laufen, ihr Erbe mit etwaigen Pflichtteilsberechtigten teilen zu müssen. So wird durch das Pflichtteilsrecht zwar ein gewisser Schutz von familiären Nähebeziehungen verwirklicht, allerdings nur solcher Nähebeziehungen, die auch am geltenden gesetzlichen Erbrecht teilhaben. Stiefkinder fallen de lege lata nicht darunter.

Berücksichtigt man dann noch, dass die Testierrate in Deutschland verhältnismäßig gering ist, so ist das Stiefkind, was die Teilhabe am Nachlass seines Stiefelternteils betrifft, erbrechtlich schutzlos gestellt.

So sieht es auch Däubler[426], der es zwar für sehr begrüßenswert hält, Personen, die dem Erblasser näherstehen als die „klassischen" Verwandten, die das Gesetz als gesetzliche Erben vorsieht, stärker zu berücksichtigen. Aber auch er sieht das Problem, dass die gewillkürte Erbfolge als Möglichkeit de lege lata, faktische Familienangehörige am Nachlass teilhaben zu lassen, aufgrund der niedrigen Testierraten nur unzureichend ist. Er erachtet es deshalb im Ergebnis für notwendig, alle in den Haushalt aufgenommenen Personen zu dem Kreis gesetzlicher Erben zu zählen, die faktisch zur familiären Solidargemeinschaft gehören und deshalb tatsächlich wie blutsverwandte Familienangehörige behandelt werden und geht sogar so weit, zu behaupten, dass bei den „klassischen" erbrechtlichen Normen ein Funktionsverlust immer sichtbarer wird.

So stellt die gewillkürte Erbfolge allein kein ausreichend adäquates Mittel dar, faktische Familienbeziehungen in angemessener Weise zu berücksichtigen.

4. Zusammenfassung

Status, Realbeziehung und Freiheit, hinsichtlich der gefühlsmäßigen Bindung, haben alle zusammen in ausgewogenem Wechselspiel je ihre Berechtigung, und zwar sowohl im partnerschaftlich-zwischenmenschlichen Verhalten unter Lebenden wie schließlich in der «Abrechnung» von Todes wegen.[427] Und trotzdem drängt sich die Frage auf, ob es für jede Lebensform eine eigene Rechtsform bzw. einen eigenen rechtlichen Status geben muss. Die vielfältigen politischen, gesellschaftlichen und wissenschaftlichen Diskussionen zeigen, wie hoch scheinbar das Bedürfnis nach Anerkennung faktischer Solidaritätsbeziehungen ist.

Es geht mithin nicht um die Abschaffung, Verdrängung oder Ersetzung von Statusverhältnissen. Vielmehr hat der Gesetzgeber aufgrund der gesellschaftlichen Entwicklung, insbesondere der Pluralisierung von familiären Lebensformen in Bezug auf die zwischenmenschlichen Realbeziehungen der in diesen Familien lebenden Mitglieder, die Pflicht, im Bereich des familiären Status zu differenzieren, zu flexibilisieren und zu erweitern. Er muss seinen Blickwinkel ausdehnen und darf die Augen nicht vor der Tatsa-

---

425 Staudinger/Otte, Einl. zu §§ 1922 ff. Rdnr. 60, 68 m. w. N.

426 Däubler, ZRP 1975, 136, 142, 144, 146.

427 Breitschmidt, successio 1/07, Das Erbrecht des 19. im 21. Jahrhundert, S. 15.

che verschließen, dass scheinbar ein Bedürfnis nach der Anerkennung solch faktischer Beziehungen innerhalb einer Familie besteht.

Die Zugehörigkeit der in einer Familie lebenden Kinder zu eben dieser bestimmten Familie ist ein Stück weit Schicksal und nicht ein vom Gesetzgeber beliebig gestaltbares Verhältnis.[428]

Mit der Einführung eines neuen familiären Statusverhältnisses, der eingetragenen Lebenspartnerschaft als eine andere Art der „Ehe", ist der Gesetzgeber diesem Ruf ja bereits gefolgt.

Auch spricht vieles dafür, nach dem Umgangsrecht und dem kleinen Sorgerecht nun auch die erbrechtlichen Beziehungen zwischen Stiefeltern und Stiefkindern unter bestimmten Voraussetzungen[429] zu erweitern.[430]

428 so auch Helms, Gutachten F, F10.

429 dazu unten Kapitel X, 2.

430 Breitschmidt, successio 1/07, Das Erbrecht des 19. im 21. Jahrhundert, S. 16.

XI. Kapitel: Die nähere Ausgestaltung eines gesetzlichen Erbersatzanspruchs des Stiefkindes gegen seinen Stiefelternteil

Im vorherigen Teil der Arbeit wurde aufgezeigt, dass es de lege ferenda aus gesellschaftspolitischen Gründen geboten ist und aufgrund der Schutzbedürftigkeit des minderjährigen Stiefkindes auch eine Pflicht für den Gesetzgeber besteht, dem Stiefkind ein gesetzliches Erbrecht nach seinem Stiefelternteil einzuräumen.

Nun soll aufgezeigt werden, wie ein solcher Erbersatzanspruch ausgestaltet sein könnte.

Entscheidend sind in diesem Zusammenhang die Fragen, in welchem Rangverhältnis der Anspruch vor allem in Bezug auf den etwaig noch vorhandenen leiblichen Elternteil stehen soll und ob es eine Möglichkeit geben soll, den Anspruch auszuschließen. Dabei gilt es insbesondere auch zu klären, wie es sich mit dem Anspruch verhält, sollten sich der leibliche Elternteil des Kindes und sein Stiefelternteil wieder trennen oder scheiden lassen.

1. Rangverhältnis

In diesem Zusammenhang stellt sich des Weiteren die Frage, wie mit der Tatsache umzugehen ist, dass neben dem Stiefelternteil und dem mit in der Familie lebenden leiblichen Elternteil eventuell noch ein weiterer (leiblicher rechtlicher oder lediglich rechtlicher außerhalb der Familie lebender) Elternteil existiert.

Die Frage, die daraus resultiert, ist, in welchem Rangverhältnis die gesetzlichen Erbansprüche stehen, die das Kind gegen seinen Stiefelternteil und gegen den nicht in der Familie lebenden Elternteil hat. Das Rangverhältnis ist deshalb so entscheidend, weil sich daraus ergibt, ob der nicht in der Familie lebende Elternteil als Erblasser durch den Stiefelternteil ersetzt wird oder ob beide gleichrangig nebeneinanderstehen, was dazu führen würde, dass das Stiefkind drei Elternteile gesetzlich beerben kann.[431]

Sozialwissenschaftlich betrachtet soll der Stiefelternteil den außerhalb der Familie lebenden Elternteil nicht ersetzen, sondern wird als Zusatzelternteil gesehen.

Rechtlich gesehen würde die Einführung eines Erbersatzanspruchs dazu führen, dass dem Stiefkind aus seiner Rolle als Stiefkind ein derartiger Vorteil entsteht, dass es durch den Erbersatzanspruch nach seinem Stiefelternteil sogar bessergestellt ist als die Kinder, die nicht in einer Stieffamilie leben.

---

431 Diese Situation ist erbrechtlich vergleichbar mit dem Fall des § 1756 Abs. 2 BGB, in dem das Stiefkind infolge der Adoption durch seinen Stiefelternteil seine Erbenstellung „verbessert". Das Verwandtschaftsverhältnis des *ehelichen* Kindes zu den Verwandten des anderen, mit dem Stiefelternteil nicht verheirateten Elternteils bleibt trotz seiner Adoption durch den Stiefelternteil bestehen, wenn die Ehe mit diesem durch seinen Tod aufgelöst worden war. Zur Stärkung der verwandtschaftlichen Beziehungen des Kindes zu seinen leiblichen Verwandten gilt dies sogar auch für *nichteheliche* Kinder.

In diesem Zusammenhang drängt sich die Frage auf, ob es nicht ausnahmsweise statthaft sein könnte, dass ein Kind auch im Rechtssinne mehr als nur zwei Eltern hat.[432] Ein internationales Anzeichen eines Wendepunkts könnte eine Entscheidung des kanadischen *Court of Appeal for Ontario* auslösen: Das Gericht entschied, dass ein Kind ausnahmsweise auch drei Eltern haben kann, wenn dies dem Kindeswohl zugutekommt.[433]

Auch Plettenberg spricht sich unter gewissen Voraussetzungen für eine rechtliche Mehrelternschaft aus. Im Unterschied zum vorliegenden Fall der Stiefelternkonstellation befürwortet sie in Ausnahmefällen bei Auseinanderfallen von rechtlicher und leiblicher Vaterschaft die statusrechtliche Zuordnung des leiblichen, aber nicht rechtlichen Vaters zu seinem Kind.[434]

Völlig fremd ist dem deutschen Erbrecht de lege lata eine Multiplikation von Elternschaft im rechtlichen Sinne nicht.

Die Volljährigenadoption kann dazu führen, dass der Adoptierte ein „Abkömmling“ von bis zu vier Elternteilen wird und damit auch nach diesen vier Elternteilen erb – und pflichtteilsberechtigt ist.[435] Der Unterschied zur „normalen“ Minderjährigenadoption liegt darin, dass die Volljährigenadoption die bisherigen statusrechtlichen Verhältnisse erhält. Die statusrechtliche Beziehung zu der Familie des Annehmenden tritt ergänzend hinzu, vgl. § 1770 Abs. 2 BGB.[436]

Auch mit der Einführung von § 1686a BGB hat der Gesetzgeber einen entscheidenden Schritt hin zur Pluralisierung von Elternschaft gemacht. Er hat es erstmals ermöglicht, einem Kind mehr als nur einen Vater zuzuordnen. Es kann jetzt neben dem rechtlichen Vater auch einen „nur“ leiblichen Vater haben.[437] § 1686a BGB ermöglicht dem leiblichen, nicht rechtlichen Vater ein Umgangs – und Auskunftsrecht, er tritt dadurch aber in keinerlei „väterliche“ Pflichten gegenüber seinem Kind ein. Er muss, um an dieses Recht zu gelangen, aber immerhin ein ernsthaftes Interesse an dem Kind zeigen.

Und auch de lege ferenda scheint eine Mehrelternschaft für Minderjährige nicht mehr unmöglich. So soll in Zukunft, zumindest wenn es nach dem 2013 geschlossenen Koalitionsvertrag von CDU, CSU und SPD[438] geht, das Verwandtschaftsverhältnis bei Stief-

---

432 so auch Willems, Kindesvertauschungen – Überlegungen zu einem familien – und erbrechtlichen Härtefall, NZFam 2016, 445, 450; Löhnig, Früher hatten Eltern viele Kinder, S. 9 ff.

433 AA. v. BB., 2007 ONCA 2 (nämlich die biologischen Eltern sowie die Partnerin der biologischen Mutter); dazu Schwenzer in Schwenzer, Tensions between Legal, Biological and Social Conceptions of Parentage, S. 11.

434 Plettenberg, Vater, Vater, Mutter, Kind, S. 142 f.

435 Der wohl häufigste Grund, den Weg einer Volljährigenadoption einzuschlagen, stellt der steuerrechtliche Vorteil dar. Der Wunsch, Erbschaftssteuern zu sparen, dürfte in den meinsten Fällen der kokrete Anlass für eine solche Adoption sein. Die Annahme als Kind führt dazu, dass der Adoptierte wie ein leibliches Kind des Erblassers der günstigen Steuerklasse I zugeordnet wird.

436 BeckOGK/Löhnig, §1770, Rn. 20; MüKo BGB/Maurer, § 1770, Rn. 25.

437 s. a. Plettenberg, Vater, Vater, Mutter, Kind, S. 2 f.

438 Koalitionsvertrag zwischen CDU, CSU und SPD, 18. Legislaturperiode, S.70, https://www.cdu.de/sites/default/files/media/dokumente/koalitionsvertrag.pdf.

kindadoptionen zu dem leiblichen Elternteil im Einvernehmen erhalten bleiben.[439] Für die Zukunft würde das bedeuten, dass dem Stiefkind im Falle einer Adoption durch seinen Stiefelternteil die rechtliche Verwandtschaft zu seinem leiblichen Elternteil erhalten bliebe, woraus auch ein gesetzliches Erbrecht gegen diesen resultieren würde. Das Kind würde demzufolge nach drei Elternteilen erbberechtigt sein.

Zweck der Neuregelung des gesetzlichen Erbrechts von Stiefkindern sollte, wie bereits mehrfach angesprochen, der Schutz dieser Kinder vor einer finanziellen Notsituation beim Tod des Stiefelternteils sein. Diese Notsituation ließe sich mitunter vermeiden, wenn ein anderer Elternteil finanziell greifbar ist, so z. B. im Hinblick auf eventuelle Unterhaltsansprüche gegenüber dem nicht in der Familie lebenden Elternteil.

Jedoch ist die finanzielle Absicherung nur ein Grund, Stiefkindern de lege ferenda zu einem gesetzlichen Erbrecht nach ihrem Stiefelternteil zu verhelfen. Daneben soll auch die sozial-familiäre Beziehung zwischen diesen Familienmitgliedern honoriert und gefördert werden. Im Idealfall würde die soziale Elternschaft in der Zukunft mit der rechtlichen gleichgestellt, was Rechte und Pflichten der Eltern gegenüber ihren Kindern betrifft.

Und auch das Bestreben, im Falle einer Stiefkindadoption das Verwandtschaftsverhältnis zu dem leiblichen Elternteil zu erhalten, weist in diese Richtung.

Der gesetzliche Erbersatzanspruch des Stiefkindes sollte deshalb im Verhältnis zum Erbanspruch des Kindes gegen seinen nicht in der Familie lebenden anderen Elternteil gleichrangig sein.[440]

2. Umfang

Fraglich ist, ob die Teilhabe am Nachlass des Stiefelternteils für das Stiefkind bedeutet, dass es den leiblichen Kindern des Erblassers, was den Umfang dieser Teilhabe angeht, grundsätzlich gleichgestellt sein soll. Das würde bedeuten, dass sich die Höhe des Erbersatzanspruchs nach der Höhe des gesetzlichen Erbteils der Abkömmlinge richtet.

Eine andere Variante wäre es, eine Parallele zum Pflichtteilsrecht der Abkömmlinge zu ziehen und dadurch eine gewisse Grundsicherung des Stiefkindes nach dem Tod seines Stiefelternteils zu gewährleisten.

In diesem Fall würde sich die Höhe des Anspruchs des Stiefkindes nach der Höhe des Pflichtteils von Abkömmlingen richten und damit die Hälfte des gesetzlichen Erbteils

439 s.a. Löhnig, Paradigmenwechsel bei der Adoptionsrechtsreform, ZRP 2018, 101.

440 Was einen gesetzlichen Unterhaltsanspruch de Stiefkindes betrifft, wird von der h.M. dagegen Subsidiarität des Anspruchs befürwortet. Sollte eine gesetzliche Unterhaltspflicht des Stiefelternteils de lege ferenda realisiert werden, so besteht in der Literatur Einigkeit darüber, dass der Stiefelternteil nicht den außerhalb der Familie lebenden leiblichen Elternteil entlasten soll, vgl. Frank, Grenzen der Adoption, S. 41; Boehmer, Stiefkind im Unterhaltsrecht, S. 65; Kremer, Das Stiefkind im Unterhaltsrecht, S. 139; von der Weiden, Stiefkind, S. 184. Und auch in den ausländischen Rechtsordnungen, die ein gesetzliches Unterhaltsrecht des Stiefkindes kennen, ist dieses im Verhältnis zum Unterhaltsanspruch gegen den leiblichen Elternteil subsidiär, vgl. hierzu ebenfalls Frank, Grenzen der Adoption, S. 41, Kremer, Das Stiefkind im Unterhaltsrecht, S. 130 ff.

von Abkömmlingen betragen. § 2303 ff. BGB räumt den leiblichen Kindern des Erblassers eine wertmäßige Mindestteilhabe am Nachlass ein, falls sie durch Verfügung von Todes wegen von der Erbfolge ausgeschlossen wurden.

Auch wenn das Stiefkind nicht von der gesetzlichen Erbfolge ausgeschlossen wurde, da ihm ein solcher Anspruch gerade nicht zusteht, so ist die Situation durchaus mit der des enterbten Abkömmlings vergleichbar.

Sinn einer Einführung eines Erbersatzanspruchs für Stiefkinder ist deren Absicherung nach dem Tod des Stiefelternteils und die Verhinderung einer finanziellen Notlage.

Auch wenn der Legitimationsgrund für diese zwingende bedarfsunabhängige Nachlassteilhabe seit jeher diskutiert wird, so bildet das Pflichtteilsrecht im Erbrecht anders als die gesetzliche Erbfolge in erster Linie die sog. gesollte Solidarität, die aus Art. 6 GG und der sich daraus ergebenden ideellen sowie wirtschaftlichen Familiensolidarität resultiert, ab. Dies bedeutet eine über den Tod hinaus wirkende Beistandspflicht zwischen Eltern und Kindern.[441].

Ebenso wichtig wie der familiäre Gedanke ist jedoch auch der Versorgungsgedanke. So dient der Anspruch aus § 2303 BGB auch dazu, eine finanzielle Notlage naher Angehöriger des Erblassers zu verhindern.

Auch wenn angesichts der demografischen Entwicklung, die zu einer stetigen Erhöhung des durchschnittlichen Lebensalters (und unterstellter eigener Vermögensbildung der Pflichtteilsberechtigten im Zeitpunkt des Erbfalls) führt, sowie existenzsichernder staatlicher Leistungen ein möglicher Alimentationscharakter des Pflichtteilsrechts an Bedeutung verliert[442], so darf man trotzdem nicht außer Acht lassen, dass nicht immer der Regelfall eintreten muss, in dem die Abkömmlinge des Erblassers beim Erbfall bereits über eigenes Vermögen verfügen, weshalb dem Versorgungsgedanken sicherlich in einigen Fällen eine gewisse Bedeutung zukommt.

Und genau dieser Versorgungsgedanke steht auch hinter dem Anspruch, der das Stiefkind nach dem Tod seines Stiefelternteils finanziell absichern soll.

Eine Gleichstellung mit den leiblichen Kindern des Erblassers soll hingegen zumindest erbrechtlich nicht zwangsläufig erfolgen.

Orientiert man sich also an dem Modell der erbrechtlichen Grundsicherung, so liegt es näher, die Parallele zum Pflichtteilsrecht zu ziehen, als den Erbersatzanspruch in der Höhe mit dem gesetzlichen Erbteil von leiblichen Kindern gleichzusetzen.

Der Erbersatzanspruch soll damit in seiner Höhe der Höhe des Pflichtteils von Abkömmlingen entsprechen und demzufolge die Hälfte des gesetzlichen Erbteils von Abkömmlingen betragen.

441 BVerfGE 112, 332, 352 f. = NJW 2005, 1561, 1564.

442 vgl. auch BeckOGK/Obergfell BGB § 2303 Rn. 10 m.w.N..

3. Pflichtteilsrecht des Stiefkinds

Im Anschluss an diese Thematik drängt sich die Frage auf, ob das Stiefkind neben dem Erbersatzanspruch auch ein Pflichtteilsrecht nach dem Tod seines Stiefelternteils erhalten soll.

Das Pflichtteilsrecht steht in engem Zusammenhang mit der Testierfreiheit des Erblassers. Die Testierfreiheit ist eines der höchsten Güter unseres Erbrechts und ist als ein bestimmendes Element der Erbrechtsgarantie gem. Art. 14 Abs. 1 S. 1 GG auch verfassungsrechtlich geschützt. Sie dient der Selbstbestimmung des Einzelnen im Rechtsleben und ist ein wesentlicher Bestandteil der Erbrechtsgarantie.[443]

Dem Erblasser steht es danach frei, eine von der gesetzlichen Erbfolge abweichende testamentarische Verfügung zu treffen, wenn er mit der gesetzlichen Regelung nicht einverstanden ist. Er kann die Erbfolge dadurch selbst nach seinen persönlichen Wünschen und Vorstellungen gestalten.

Der Erbersatzanspruch des Stiefkindes als eine Form gesetzlicher Nachlassbeteiligung könnte somit grundsätzlich durch letztwillige Verfügung ausgeschlossen werden, er wäre nicht „testierfest". Hat der Erblasser ein Testament errichtet und über seinen gesamten Nachlass verfügt, kann der Erbersatzanspruch vergleichbar mit den Ansprüchen aus der gesetzlichen Erbfolge erst gar nicht entstehen, da die gewillkürte Erbfolge vorrangig vor etwaigen gesetzlichen Erbansprüchen ist.

Entscheidet sich der Erblasser gegen die gesetzlichen Regelungen und errichtet ein Testament, so erfährt die Testierfreiheit lediglich beim Pflichtteilsrecht gewisse Grenzen.

Denn auch die grundsätzliche unentziehbare und bedarfsunabhängige wirtschaftliche Mindestbeteiligung der Kinder am Nachlass wird als tragendes Strukturprinzip des geltenden Pflichtteilsrechts durch die Erbrechtsgarantie des Art. 14 Abs. 1 S. 1 GG geschützt.[444]

Das Pflichtteilsrecht knüpft de lege lata an die familienrechtlichen Beziehungen zwischen dem Erblasser und den Pflichtteilsberechtigten an.

Der Erblasser wird demnach, was seine leiblichen Kinder betrifft, in der Weise in seiner Testierfreiheit eingeschränkt, dass sie als Pflichtteilsberechtigte immer in einem gewissen Maß am Nachlass partizipieren.[445] Dies auch aus dem Grund, da das Pflichtteilsrecht in einem engen Zusammenhang mit dem durch Art. 6 Abs. 1 GG gewährleisteten Schutz des Verhältnisses des Erblassers zu seinen Kindern steht. Art. 6 Abs. 1 GG garantiert nicht nur den Schutz dieses Verhältnisses, sondern den Schutz der gesamten Familie als eine lebenslange Gemeinschaft, innerhalb derer Eltern wie Kinder aufgrund der familiären Solidarität nicht nur berechtigt, sondern auch verpflichtet sind, füreinander (auch materiell) einzustehen.[446]

---

443 BVerfG NJW 2002, 2543; BVerfG NJW 2005, 1561, 1562.

444 BVerfG NJW 2005, 1561, 1563.

445 Natürlich sind an dieser Stelle das Recht des Erblassers zur Pflichtteilsentziehung und die Pflichtteilsunwürdigkeit zu beachten, §§ 2333, 2324 BGB.

446 BVerfG 2005, 1561, 1564.

Was die Kinder des Erblassers betrifft, ist also diese familiäre Beziehung eine der Grundlagen des Pflichtteilsrechts.[447]

Diese Beziehung entsteht zwar meist durch Abstammung, lebt dann aber in einer familiären Solidarität fort.[448]

Maßgebend an dieser Stelle ist also die Frage, ob die familiäre Beziehung als Grundlage des Pflichtteilsrechts immer durch Abstammung bzw. das rechtliche Verhältnis zwischen Erblasser und Pflichtteilsberechtigten entstehen muss oder ob auch das Stiefkind de lege ferenda zum Kreis der Pflichtteilsberechtigten gehören soll und ihm dadurch in jedem Fall eine gewisse Mindesteilhabe am Nachlass gewährleistet wird.

Die Anknüpfung an diese familiären Statusverhältnisse im Zusammenhang mit dem Pflichtteilsrecht besteht bereits seit Inkrafttreten des BGB. An der Einräumung des Pflichtteilsrecht für den eingetragenen Lebenspartner hat sich gezeigt, dass diese auch konsequent fortgeführt wird.

Ein Pflichtteilsanspruch ist also de lege lata ohne ein rechtliches, nämlich ein Statusverhältnis nicht möglich. Faktische familiäre Beziehungen, vermutete Innigkeit oder biologische Abstammung allein können das Statusverhältnis motivieren, genügen aber nicht als Voraussetzungen.[449]

Oben wurde bereits erläutert, dass mit der Stiefkindschaft kein neuer eigener Status geschaffen werden soll. Soll also allein die faktische familiäre Beziehung zwischen Erblasser und Stiefkind genügen, um einen Pflichtteilsanspruch nach dem Tod des Stiefelternteils zu begründen?

Durch die Öffnung hin zur Pflichtteilsberechtigung kraft einer sozial-familiären Nähebeziehung würde als zusätzliche Voraussetzung dazu führen, dass der Pflichtteil in seinen Voraussetzungen und Rechtsfolgen ausdifferenzierter würde.[450]

Die Hauptgründe einer Neuregelung in Bezug auf das gesetzliche Erbrecht des Stiefkindes sollen dessen finanzielle Absicherung nach dem Tod des Stiefelternteils sowie die Honorierung und Förderung der sozial-familiären Beziehung zwischen den einzelnen Familienmitgliedern unabhängig von verwandtschaftlichen Beziehungen sein. Um dies in umfassender Weise zu garantieren, müsste dem Stiefkind de lege ferenda auch ein Pflichtteilsrecht eingeräumt werden.

Zudem hängen gesetzliches Erb – und Pflichtteilsrecht gesetzestechnisch zusammen. Eine Ausdehnung beider Ansprüche auf gleichwertige faktisch familiäre Beziehung sollte deshalb erwogen werden.[451]

Freilich steht dem Pflichtteilsanspruch immer die Testierfreiheit des Erblassers gegenüber, die auch, wenn es zu Begünstigungen sozial-familiärer Beziehungen im Erbrecht

447 kritisch hierzu: Röthel, Solidaritätskonzept und Statusorientierung des Erbrechts, S. 90 f.

448 BVerfG NJW 2005, 1561, 1564; Lange, AcP 204 (2004), 804, 812.

449 Röthel, Solidaritätskonzept und Statusorientierung des Erbrechts, S. 90.

450 so auch Dutta, Warum Erbrecht?, S. 433 f.

451 so auch Leipold, JZ 2010, 802, 804.

kommen sollte, weiterhin garantiert werden muss, weshalb in diesem Zusammenhang sorgfältig abgewogen werden müsste.

Sieht man die Solidarität des Erblassers allen Familienangehörigen gegenüber jedoch als eine zwingende an, so müsste wohl ein neuer Pflichtteil zugunsten des Stiefkindes geschaffen werden.[452]

Ob dieser Pflichtteil an weitere Voraussetzungen geknüpft werden sollte und welche das im Einzelnen wären, kann und soll an dieser Stelle aufgrund des Umfangs dieser Thematik nicht beantwortet werden.

452 vgl. hierzu auch Dutta, Warum Erbrecht?, S. 468 f.

XII. Kapitel: Schlussbetrachtung und Ausblick

Ziel der vorliegenden Arbeit war es aufzuzeigen, dass das deutsche Erbrecht im Bereich „neue Familienformen" nicht mehr zeitgemäß ist und auch unter Zuhilfenahme der de lege lata geltenden Rechtsnormen nicht angemessen auf diese gesellschaftlichen Veränderungen reagieren kann. Das Recht ist in diesem Zusammenhang gerade nicht interpretationsoffen bzw. reflexiv genug.

Aus diesem Grund ist eine Korrektur im Bereich der gesetzlichen Erbfolge, insbesondere was das gesetzliche Erbrecht von Stiefkindern angeht, unerlässlich.

Im Ergebnis lässt sich im Hinblick auf die Frage, inwieweit sich familiäre Lebensformen in den letzten Jahren gewandelt haben, feststellen, dass die Familien sich in ihrer Zusammensetzung in den letzten Jahren drastisch verändert haben. Soziologen sprechen in diesem Zusammenhang nicht mehr nur von veränderten Familienstrukturen, sondern schon von gewandelten Familienwelten.[453]

Am Ende bleibt mir nur, auf Folgendes hinzuweisen: Die modernen Familienformen und die in ihnen vorherrschenden sozial-familiären Beziehungen wirken sich auch auf das Erbrecht des BGB aus. Die Frage, ob in diesem Zusammenhang der biologisch-genetischen oder der psychologischen bzw. sozialen Elternschaft der Vorrang gebührt, kann auch nach Abschluss dieser Arbeit nicht als endgültig geklärt angesehen werden. Allerdings zwingt die moderne Fortpflanzungsmedizin, die häufig zu Mehrelternschaften führt die deutsche Rechtskultur zur Anerkennung neuer Formen der Elternschaft.[454]

Vielmehr möchte ich mit meinen Ausführungen zeigen, dass in der heutigen Zeit kein Weg mehr daran vorbeiführt, die Augen des Gesetzgebers für diese alternativen Lebens – bzw. Familienformen zu öffnen und Regelungen zu schaffen, die die momentan herrschende erbrechtliche Benachteiligung dieser Personen beseitigen oder ihre Lage zumindest verbessern und in speziellen Fallkonstellationen sogar mit der der leiblichen Kinder im Erbrecht vergleichbar stellen.

Freilich ist für eine neue gesetzliche Regelung aller Anfang schwer, geht es doch immer darum, sich von alten erprobten Regelungen zu verabschieden und den Blick für das Neue zu öffnen, so dass im Ergebnis das Gesetz als an die tatsächliche Familienrealität angepasst gesehen werden kann. Der vorliegende Reformvorschlag stellt einen ersten Versuch dar, eine Regelung mit praktischer Relevanz auszuarbeiten. Er soll einen Ausblick darauf eröffnen, dass in der heutigen Zeit häufig mehr als zwei Eltern bereit sind, Verantwortung für ein Kind zu übernehmen. Diese Übernahme der Verantwortung sollte nicht nur eine tatsächliche sein, sondern auch mit Rechten und Pflichten ausgestaltet sein.

Das (wechselseitige) Unterhaltsrecht sollte deshalb in diesem Zusammenhang nicht ausgespart werden. Vielmehr gibt es diesbezüglich schon eine Untersuchung von Kre-

---

453 Gellner, S. 8 f.

454 so auch Grziwotz, ErbR 2018, 2, 3.

mer[455], weshalb sich diese Arbeit auf das Erbrecht beschränkt. Auch an einen gesetzlichen Erbanspruch des Stiefelternteils gegen sein Stiefkind könnte gedacht werden, dies soll aber ebenfalls nicht Gegenstand dieser Arbeit sein.

Was das gesetzliche Erbrecht des nichtehelichen Lebenspartners angeht, würde die Ausarbeitung dieser Thematik den Rahmen der Arbeit sprengen, weshalb auf Ausführungen hierzu weitestgehend verzichtet wurde. Es bleibt zu wünschen, dass auch diese Form von Nähebeziehung de lege ferenda in naher Zukunft erbrechtlich berücksichtigt wird.

Ein Grundanliegen der vorliegenden Arbeit ist es, die Augen des Gesetzgebers für die sozial-familiären Beziehungen innerhalb der Familie und insbesondere für die Rechte von Stiefkindern weiter zu öffnen.

Der erarbeitete Gesetzesvorschlag soll das Bestreben des Gesetzgebers unterstützen, das Recht der gewandelten sozial-familiären Realität anzupassen.

455 Kremer, Das Stiefkind im Unterhaltsrecht: Eine rechtsvergleichende Untersuchung.

XIII. Kapitel: Vorschlag einer gesetzlichen Regelung

Eine gesetzliche Regelung könnte im BGB de lege ferenda wie folgt lauten:

§1924a Erbersatzanspruch des Stiefkindes

Einem Kind aus einer früheren Beziehung des Ehegatten oder des (nichtehelichen oder eingetragenen) Lebenspartners des Erblassers (Stiefkind) steht beim Tod des Erblassers ein Erbersatzanspruch gegen den oder die Erben in Höhe der Hälfte des gesetzlichen Erbteils von Abkömmlingen zu, falls es zu dem Erblasser in einer sozial-familiären Beziehung gestanden hat.

Hat das Kind mit dem Erblasser längere Zeit in einer häuslichen Gemeinschaft gelebt, so wird eine sozial-familiäre Beziehung vermutet.

Der Anspruch ist ausgeschlossen, sobald das Stiefkind das 25. Lebensjahr vollendet oder eine erste angemessene Berufsausbildung abgeschlossen hat.

Literaturverzeichnis

Bauer, Manfred: Soziologie und Erbrechtsreform, Bielefeld, 2003.

Baumann, Wolfgang/Karsten, Susanne: Die Reform des Erbrechts und verjährungsrechtlicher Vorschriften, RNotZ 2010, 95–101.

Baumgärtel, Gottfried: Beweislastpraxis im Privatrecht: die Schwierigkeiten der Beweislastverteilung und die Möglichkeiten ihrer Überwindung, Köln 1996.

Beck-online. Großkommentar BGB: Gesell, Beate/Krüger, Wolfgang/Lorenz, Stephan/Reymann, Christoph (Hrsg.), Buch 4, Familienrecht; Buch 5, Erbrecht, München 2018.

Benda, Ernst: Demoskopie und Recht, JZ 1972, 497 – 501.

Bernau, Falk: Der Einzug der Patchworkfamilie in den juristischen Sprachgebrauch – eine Definition, KJ 2006, 320-331.

Bien, Walter/Hartl, Angela/Teubner, Markus (Hrsg.): Stieffamilien in Deutschland, Eltern und Kinder zwischen Normalität und Konflikt, 2002.

Boehmer, Gustav: Die „erbrechtliche Lösung“ des § 1371 BGB n.F. im Lichte des Stiefkindproblems (§ 1371 IV), FamRZ 1961, 41–49.

Ders.: Die Rechtsstellung des Stiefkindes nach heutigem und künftigem Recht, 1941.

Ders.: Soll das Stiefkind auch weiterhin das „Stiefkind“ der Gesetzgebung bleiben?, FamRZ 1955, 125–129.

Brambring, Günter/Jerschke Hans-Ulrich (Hrsg): Beck´sches Notarhandbuch, 5. Auflage, München 2009.

Breidenstein, Matthias: Pflichtteilsverzicht, Pflichtteilsstrafklausel und ihre Besonderheiten bei Patchworkfamilien, ZFE 2010, 263 – 267.

Breitschmidt, Peter: Das Erbrecht des 19. Im 21. Jahrhundert – der Konflikt zwischen Status, Realbeziehung und erblasserischer Freiheit, Successio 1/07, 1-23.

Brosius-Gersdorf, Frauke: Solidargemeinschaften jenseits der Ehe und der eingetragenen Lebenspartnerschaft, Möglichkeiten und Grenzen rechtlicher Anerkennung – Teil 1, NZ-Fam 2016, 145 – 150.

Buchholz, Stephan: Berliner Testament (§ 2269 BGB) und Pflichtteilsrecht der Abkömmlinge – Überlegungen zum Ehegattenerbrecht, FamRZ 1985, 872.

Carré-Jersch, Andrea: Das Stiefkindverhältnis im Sorge- und Unterhaltsrecht, Baden-Baden 1995.

Coester, Michael: Reform des Kindschaftsrecht, JZ 1992, 809 - 816.

Ders.: Die Rechtsbeziehungen zwischen Stiefelternteil und Stiefkind, München 1994.

Coing, Helmut: Empfiehlt es sich, das gesetzliche Erbrecht und Pflichtteilsrecht neu zu regeln?, Gutachten A zum 49. Deutschen Juristentag, München 1972.

Conradi, Margret: Zivilrechtliche Regelung des Stiefkindverhältnisses – Alternative zur Adoption des Stiefkindes?, FamRZ 1980, 103 – 107.

Creienfelds, Carl/Weber, Klaus: Rechtswörterbuch, 22. Auflage, München 2017.

Dauner-Lieb, Barbara: Das Pflichtteilsrecht, Ketzerische Frage an ein altehrwürdiges Institut, Forum Familien- und Erbrecht, Sonderheft 2001, S. 16-24.

Ders.: Bedarf es einer Reform des Pflichtteilsrechts, DNotZ 2001, 460 – 465.

Däubler, Wolfgang: Entwicklungstendenzen im Erbrecht, ZRP 1975, 136-146.

Denninger, Erhard: Rechtsperson und Solidarität, Berlin 1967.

Dethloff, Nina: Reform des Kindschaftsrechts, NJW 1992, 2200 - 2208.

Ders.: Nichteheliche Lebensgemeinschaften und Kinder, in: Scherpe, Jens M./Yassari, Nadjma (Hrsg.), Die Rechtsstellung nichtehelicher Lebensgemeinschaften: The Legal Status of Cohabitants, Tübingen 2005, S. 137 – 162.

Ders.: Biologische, soziale und rechtliche Elternschaft – Herausforderungen durch neue Familienformen und Reproduktionsmedizin, in: Grziwotz, Herbert (Hrsg.), Notarielle Gestaltung bei geänderten Familienstrukturen – demographischer Wandel, faktische Lebensgemeinschaften und Patchworkfamilien, Tagungsband zum 12. Wissenschaftlichen Symposiums des Instituts für Notarrecht an der Universität Würzburg, Würzburg, 2012, S. 7 – 28.

Ders.: Adoption durch gleichgeschlechtliche Paare, ZRP 2004, 195 – 200.

Dieckmann, Albrecht: Empfiehlt es sich, das gesetzliche Erb- und Pflichtteilsrecht neu zu regeln?, Referat K zum 49. Deutschen Juristentag, K 8 – K 31, München 1972.

Drischmann, Danila: Das Sorgerecht in Stieffamilien. Gestern. Heute. Morgen, Diss., Marburg 2007.

Dutta, Anatol: Warum Erbrecht?, Tübingen 2014.

Durkheim, Émile: De la division du travail socoal -Etude sur l'organisation des sociétés supérieures, 1893; deutsch: Über soziale Arbeitsteilung, Studie über die Organisation höherer Gesellschaften, 2008.

Ebenroth, Carsten, Thomas: Erbrecht, München 1992.

Engstler, Heribert/Menning, Sonja: Die Familie im Spiegel der amtlichen Statistik, Lebensformen, Familienstrukturen, wirtschaftliche Situation der Familien und familiendemographische Entwicklung in Deutschland, erweiterte Neuauflage 2003.

Enzensberger, Florian, Testamente für Geschiedene und Patchworkehen, Bonn 2009.

Feil, Gregor, Zur rechtlichen Stellung des Stiefkindes und des Pflegekindes, RdJB 1971, 257-267.

Firsching, Karl: Zur Reform des deutschen Erbrechts, JZ 1972, 449-456.

Führ, Thorsten: Grundrechte und Testierfreiheit - „Preußen"-Beschluss und Pflichtteilsrecht, MittBayNot 2006, 461 – 468.

Frank, Rainer: Grenzen der Adoption, Frankfurt am Main, 1979.

Ders.: Die Neuregelung des Adoptionsrechts, FamRZ 1998, 393 – 399.

Ders.: Zeitgeist und Wertewandel im Familienrecht, StAZ 2004, 330 - 334.

Freisitzer, Kurt: Die Ausgestaltung des österreichischen Erbrechtes und die Rolle der Empirischen Sozialforschung, in: Festschrift zum 70. Geburtstag von Walter Wilburg, Graz 1975, S. 101 – 108.

Furstenberg, Frank F./Cherlin Andrew J.: Divided Families: What happens to children wehen parents part, Cambridge 1991.

Gellner, Christoph: Paar- und Familienwelten im Wandel: Neue Herausforderungen für Kirche und Pastoral, Zürich 2007.

Gernhuber, Joachim/Coester-Walatjen, Dagmar: Familienrecht, 6. Auflage, München 2010.

Gernhuber, Joachim: Die Schwägerschaft als Quelle gesetzlicher Unterhaltspflichten, FamRZ 1955, 193 - 201.

Ders.: Testierfreiheit, Sittenordnung und die Familie, FamRZ 1960, 326 – 335.

Goetz, Stephan: Erbrechtliche Ansprüche außerhalb des Familienerbrechts, Frankfurt a. Main, 1985

Ders.: Erbrechtliche Ansprüche außerhalb des Familienrechts: Ein Beitrag zur Diskussion über eine künftige Erbrechtsreform, FamRZ 1995, 987-991.

Grandel, Mathhias/Stockmann, Roland (Hrsg.): StichwortKommentar Familienrecht, 2. Auflage, Baden-Baden 2014.

Grimm, Dieter: Solidarität als Rechtsprinzip: Die Rechts- und Staatslehre Léon Duguits in ihrer Zeit, 1973.

Grziwotz, Herbert: Testamentsgestaltung bei der Patchworkfamilie, FamRB 2003, 232–235.

Ders.: Verfügungen von Todes wegen, FPR 2005, 283-286.

Ders.: Rechtsprechung nichteheliche Lebensgemeinschaft, FamRZ 2014, 257 – 263.

Ders.: „Das Patchworktestament" – Teil 1 und Teil 2, ErbR 2018, 2 -9 und 62 – 72.

Hausmann, Rainer: Die Patchworkfamilie – eine besondere Herausforderung für den Notar, DNotZ 2011, 602–622.

Hegel, Georg Wilhelm Friedrich: Grundlinien der Philosophie des Rechts: Mit e. Einl., Adriani 1902.

Helms, Tobias: Rechtliche, biologische und soziale Elternschaft – Herausforderungen durch neue Familienformen, Gutachten F zum 71. Deutschen Juristentag 2016, F 35, München 2016.

Ders.: Rechtliche, biologische und soziale Elternschaft, Herausforderungen durch neue Familienformen, NJW-Beilage 20016, 49-53.

Henrich, Dieter: Familienerbrecht und Testierfreiheit im europäischen Vergleich, DNotZ 2001, 441 - 452.

Höbbel, Dieter: Die Mär „Jede zweite Ehe wird geschieden"; FamRZ 2010, 1220–1221.

Hoffmann-Riem, Christa: Elternschaft ohne Verwandtschaft: Adoption, Stiefbeziehung und heterologe Insemination, in: Nave-Herz, Rosemarie/Markefka, Manfred (Hrsg.), Handbuch der Familien- und Jugendforschung (Band 1), Neuwied, Frankfurt a.M. 1989, S. 389–411.

Hohnerlein, Eva-Maria: Sozialrechtliche Leistungen für nichteheliche Lebenspartner in ausgewählten europäischen Ländern, RdJB 2011, 450 - 466.

Husserl, Gerhart: Recht und Zeit: Fünf rechtsphilosophische Essays, Frankfurt a.M. 1955.

Kappler, Susanne/Kappler, Tobias: Patchworkfamilie und Erbrecht – letztwillige Verfügungen zugunsten „meiner, deiner und unserer Kinder", ZEV 2015, 437 - 444.

Kemper, Rainer: Das neue Unterhaltsrecht, Köln 2008.

Kipp, Theodor/Coing, Helmut: Erbrecht, 14. Auflage, Tübingen 1990.

Kirchhoff, Paul: Maßstäbe für eine familiengerechte Besteuerung, ZRP 2003, 73-77.

Klingelhöffer, Hans: Empfiehlt es sich, die rechtliche Ordnung finanzieller Solidarität zwischen Verwandten im Bereich des Pflichtteilsrechts neu zu gestalten? -- Einige Bemerkungen zum Gutachten von Martiny für den 64. Deutschen Juristentag, ZEV 2002, 293 - 296.

Ders.: „Ist unser Erbrecht noch zeitgemäß?", ZEV 2010, 385–388.

Klippel, Diethelm: Sozialgeschichte und Rechtsgeschichte, in: Mohnhaupt, Heinz (Hrsg.), Zur Geschichte des Familien- und Erbrechts, Frankfurt am Main, 1987, S. 267-280.

Knoche, Joachim: Die Partner einer nichtehelichen Lebensgemeinschaft als „Familienangehörige"?, Diss., München 1987.

König, René: Die Familie der Gegenwart, München 1974.

Krähenbühl, Verena/Jellouschek, Hans/Kohaus-Jellouschek, Margarete/Weber, Roland: Stieffamilien: Struktur – Entwicklung – Therapie, Freiburg, 1991.

Krehan-Riemer, Andrea/Krehan, Peter: Die Stieffamilie, Wien 1993.

Kremer, Marcel: Das Prinzip der familiären Solidarität im Unterhaltsrecht, Bielefeld 2010.

Kremer, Sebastian: Das Stiefkind im Unterhaltsrecht: Eine rechtsvergleichende Untersuchung, Berlin 2010.

Kreyenfeld, Michaela/Konietzka, Dirk: Nichteheliche Lebensgemeinschaften – Demographische Trends und gesellschaftliche Strukturen, in: Scherpe, Jens M./Yassari, Nadjma, Die Rechtsstellung nichtehelicher Lebensgemeinschaften: The Legal Status of Cohabitants, Tübingen 2005, S. 45-75.

Ders.: Neue Familienformen im konservativen Wohlfahrtsstaat? Heirat, Familiengründung und Lebensformen in Ost- und Westdeutschland: Eine Analyse der Mikrozensen 1996 und 2000, vorläufige Fassung 2003, : https://www.gesis.org/fileadmin/upload/institut/wiss_arbeitsbereiche/gml/Veranstaltungen/3.NK_2003/Papers/text_kreyenfeld_konietzka.pdf (29.10.2018)

Kroppenberg, Inge: Ist unser Erbrecht noch zeitgemäß? Überlegungen zum zivilrechtlichen Gutachten des 68. Deutschen Juristentags in Berlin, NJW 2010, 2609–2613.

Lange, Knut Werner: Die Pflichtteilsentziehung gegenüber Abkömmlingen de lege lata und de lege ferenda, Archiv für die civilistische Praxis 204. Bd., H. 6 (2004), S. 804-831.

Langenfeld, Gerrit: Das Gesetz zur Änderung des Erb- und Verjährungsrechts – Inhalt und Praxisfolgen, NJW 2009, 3121–3125.

Ders.: In der Testamentsgestaltung lebt das Erbrecht, ZEV 2007, 453 – 458.

Laumen, Hans-W.: Die „Beweiserleichterung bis zur Beweislastumkehr" - Ein beweisrechtliches Phänomen, NJW 2002, 3739 – 3746.

Lechler, Helmut: Der Schutz der Familie, Fehlentwicklungen bei der Konkretisierung eines Grundrechts, FamRZ 1979, 1-8.

Leipold, Dieter: Erbrecht, 21. Auflage, Tübingen 2016 .

Ders.: Ist unser Erbrecht noch zeitgemäß?, JZ 2010, 802–811.

Lempp, Reinhart: Die Rechtsstellung des Kindes aus geschiedener Ehe aus kinder- und jugendpsychiatrischer Sicht, NJW 1972, 315–319.

Ders.: Soll die Rechtsstellung der Pflegekinder unter besonderer Berücksichtigung des Familien-, Sozial- und Jugendrechts neu geregelt werden?, Kinderpsychologischer und psychiatrischer Aspekt des Themas, Referat zum 54. Deutschen Juristentag, Band 2, I 43 – I 60, München 1982.

Lesthaeghe, Ron: Der zweite demographische Übergang in den westlichen Ländern: Eine Deutung, Zeitschrift für Bevölkerungswissenschaft 18 (3), 1992, 313-354.

Lindacher, Walter F.: Änderung der gesetzlichen Erbfolge, mutmaßlicher Erblasserwille und die Normativität des dispositiven Rechts – Gedanken zur Novellierung des Verwandtenerbrechts durch das Nichtehelichengesetz, FamRZ 1974, 345-350.

Lipp, Martin: Elternschaft, „sozial-familiäre Beziehung“ und „Bindungsperson“, in: Schwab, Dieter/Vaskovics, Laslo A. (Hrsg.), Pluralisierung von Elternschaft und Kindschaft, Familienrecht, - soziologie und - psychologie im Dialog, Sonderheft Zeitschrift für Familienforschung/Journal of Family Research, 2011, S. 122-135.

Ders.: Einkindschaft, in: Cordes, Albrecht/Lück, Heiner/Werkmüller, Dieter (Hrsg): Handwörterbuch zur deutschen Rechtsgeschichte. Band 1, Berlin 2008, Sp. 1296-1298.

Löhnig, Martin: Neue Partnerschaften der gemeinsam sorgeberechtigt gebliebenen Eltern – Welche Rechte haben die neuen Partner?, FPR 2008, 157 – 159.

Ders./Gietl, Andreas/Preisner, Mareike: Das Recht des Kindes nicht miteinander verheirateter Eltern, Berlin 2010.

Ders.: Das Kind zwischen Herkunftsfamilie und neuer Familie seines Elternteils, in: Schwab, Dieter/Vaskovics, Laslo A. (Hrsg.), Pluralisierung von Elternschaft und Kindschaft, Familienrecht, - soziologie und - psychologie im Dialog, Sonderheft Zeitschrift für Familienforschung/Journal of Family Research, 2011, S. 157 – 172.

Ders.: Abstammungsrecht: Sozialer, rechtlicher Vater vs. leiblicher, nicht rechtlicher Vater?, NZFam 2017, 141 – 143.

Ders.: Paradigmenwechsel bei der Adoptionsrechtsreform, ZRP 2018, 101 - 102.

Lövenich, Adalbert: Zur Neugestaltung des gesetzlichen Erbrechts, insbesondere des Ehegattenerbrechts, Diss., Köln 1979.

Lüschen, Günther: Verwandtschaft, Freundschaft, Nachbarschaft, in: Nave-Herz, Rosemarie/Markefka, Manfred (Hrsg.), Handbuch der Familien- und Jugendforschung, Neuwied, Frankfurt a.M. 1989, S. 435–452.

Lüscher, Kurt: Widersprüchliche Mannigfaltigkeit: Ehe, Familie und Verwandtschaft im aktuellen gesellschaftlichen und erbrechtlichen Kontext heute, ZEV 2004, 2 - 8.

Manthey, Christina/Trilsch, Constanze: Das „Bedürftigentestament“: die hohe Schule der Testamentsgestaltung, ZEV 2015, 618 – 624.

Martiny, Dieter: Empfiehlt es sich, die rechtliche Ordnung finanzieller Solidarität zwischen Verwandten in den Bereichen des Unterhaltsrechts, des Pflichtteilsrechts, des Sozialhilferechts und des Sozialversicherungsrechts neu zu gestalten?, Unterhalts- und erbrechtliches Teilgutachten A für den 64. DJT, 2002, A 11-120.

Mayer, Jörg: Die Auswirkungen der Erbrechtsreform auf die Kautelarpraxis, ZEV 2010, 2–8.

Ders.: Der Ausbildungsanspruch der Stiefkinder nach § 1371 IV BGB, FPR 2004, 83 -88.

Ders./Süß, Rembert/Tanck, Manuel/Bittler, Jan (Hrsg.): Handbuch Pflichtteilsrecht, 4. Auflage, Bonn 2018.

Mertens, Hans-Georg: Die Entstehung der Vorschriften des BGB über die gesetzliche Erbfolge und das Pflichtteilsrecht, Oldenburg 1970.

Miler, Dorothea: Die Geltendmachung des Pflichtteilsanspruchs als Rechtsmissbrauch?, ZEuP 2018, 65 – 88.

Mitterauer, Michael: Entwicklungstrends der Familie in der europäischen Neuzeit, in: Nave-Herz, Rosemarie/Markefka, Manfred (Hrsg.), Handbuch der Familien- und Jugendforschung, Neuwied, Frankfurt a.M. 1989, S. 179–194.

Ders.: Der Mythos von der vorindustriellen Großfamilie, in: Mitterauer, Michael/Sieder, Reinhard (Hrsg.), Vom Patriarchat zur Partnerschaft. Zum Strukturwandel der Familie, München 1984, S. 38 - 63.

Ders:, Funktionsverlust der Familie?, in: Mitterauer, Michael/Sieder, Reinhard (Hrsg.), Vom Patriarchat zur Partnerschaft. Zum Strukturwandel der Familie, München 1984, S. 92 - 117.

Mugdan, Benno: Die gesamten Materialien zum bürgerlichen Gesetzbuch für das deutsche Reich, Bd. V: Erbrecht, 1899.

Mülders, Maria-Susann: Sorgerechtliche Befugnisse bei faktischer Elternschaft - unter Berücksichtigung psychologischer / soziologischer und verfassungsrechtlicher Aspekte, Hamburg 2008.

Münchener Kommentar zum Bürgerlichen Gesetzbuch: Säcker, Franz-Jürgen/Rixecker, Roland/Oetker, Hartmut/Limperg, Bettina (Hrsg.), Band 8 Familienrecht I, 7. Auflage, München 2017, Band 10 Erbrecht, 7. Auflage 2017 (zit.: MüKo/Bearbeiter)

Muscheler, Karlheinz: Das Recht der Stieffamilie, FamRZ 2004, 913–921.

Ders.: Stieffamilie, Status und Personenstand, StAZ 2006, 189 –199.

Ders.: Das Erbrecht des BGB: Vergangenheit und Zukunft, ErbR 2006, 34 – 43.

Neidhartd, Friedhelm: Die Familie in Deutschalnd. Gesellschaftliche Stellung, Struktur und Funktionen, Opladen 1966.

Niebler, Engelbert: Nichteheliche Lebensgemeinschaft aus der Sicht der Bundesrepublik Deutschland, in: Frank, Richard (Hrsg): Die eheähnliche Gemeinschaft in Gesetzgebung und Rechtsprechung der Bundesrepublik Deutschland, Österreichs und der Schweiz: Drängen sich gesetzgeberische Maßnahmen auf?, Basel 1986.

Nieder, Heinrich/Kössinger, Reinhard/Kössinger, Winfried (Hrsg.): Testamentsgesatltung, 5. Auflage, München 2015.

Olzen, Dirk: Erbrecht, 3. Auflage, 2009.

Ostner, Ilona/Schumann, Eva: Steuerung der Familie durch Recht, in: Schwab, Dieter/ Vaskovics, Laslo A. (Hrsg.), Pluralisierung von Elternschaft und Kindschaft, Familienrecht, - soziologie und - psychologie im Dialog, Sonderheft Zeitschrift für Familienforschung/Journal of Family Research, 2011, S. 289-315.

Perkams, Guido, Ergänzende Testamentsauslegung im Umfeld von § 2069 BGB, ZEV 2005, 510- 512.

Peschel-Gutzeit, Lore Maria: Stiefkinder und ihre Familien in Deutschland – Rechtlicher Status und tatsächliche Situation, FPR 2004, 47 – 50.

Peuckert, Rüdiger: Familienformen im sozialen Wandel, Wiesbaden 2008.

Pikalo, Alfred: Zur Bewältigung gewandelter Wert- und Ordnungsvorstellungen bei der Gesetzgebung und Rechtsanwendung, dargestellt an der Entwicklung des deutschen landwirtschaftlichen Erbrechts, in: Weimar, Robert (Hrsg): Festschrift für Franz Schad zum 70. Geburtstag, Düsseldorf, 1978, S. 403 - 434.

Plettenberg, Ina: Vater, Vater, Mutter, Kind – Ein Plädoyer für die rechtliche Mehrvaterschaft, Tübingen 2016.

Ders.: Gesetzliches Erbrecht auch ohne Vaterschaftsfeststellung?, NZFam 2017, 889 - 892.

v. Puttkammer, Susanne: Stieffamilien und Sorgerecht in Deutschland und England, Diss., Frankfurt am Main 1994.

Rauscher, Thomas: Familienrecht, 2. Auflage, Heidelberg 2007.

Ders.: Reformfragen des gesetzlichen Erb- und Pflichtteilsrechts; Band I Grundlagen des Erbrechts; Band II 1, Reformvorschläge gesetzliches Erbrecht; Regensburg 1993.

Reichrt-Facilides, Fritz: Anhang I, Rechtsvergleichender Überblick, zum Gutachten A zum 49. Deutschen Juristentag, München 1972, A 57–A 71.

Reimann, Wolfgang: Familienerbrecht und Testierfreiheit im deutschen Recht, in: Henrich, Dieter/Schwab, Dieter (Hrsg.), Familienrecht und Testierfreiheit im europäischen Vergleich, Bielefeld 2001, 33–52.

Robinson, Margaret/Smith, Donna: Step by Step – Focus on Stepfamilies, New York 1993.

Rölleke, Heinz (Hrsg): Brüder Grimm: Kinder- und Hausmärchen, Ditzingen 2017.

Röthel, Anne: Solidaritätskonzept und Statusorientierung des Erbrechts, in: Lipp, Volker/Röthel, Anne/Windel, Peter A. (Hrsg.), Familienrechtlicher Status und Solidarität, Tübingen 2008, S. 85 - 120.

Ders.: Lebensformen – Status – Personenstand: rechtsvergleichend und politisch betrachtet, StAZ 2006, 34 - 42.

Ders.: Reformbedarf im Erbrecht – aus Sicht der Wissenschaft, ErbR 2011, 167 – 173.

Ders.: Lebensformen, Rechtsformen und Leitbilder: Familienrecht in europäischer Perspektive, in: Völmicke, Elke (Hrsg.), Familie – ein öffentliches Gut, Würzburg, 2010.

Salgo, Ludwig: Verbleibensanordnung bei Bezugspersonen (§ 1682 BGB), FPR 2004, 76 – 83.

Sanders, Anne: Was ist eine Familie? – Der EGMR und die Mehrelternschaft, NJW 2017, 925 -927.

Schausten, Jochen: Der Ausbildungsunterhalt für Stiefkinder gem. § 1371 IV BGB – die unbekannte Norm, FPR 2008, 349 - 352.

Scherpe, Jens M.: Einführung: Nichteheliche Lebensgemeinschaften als Problem für den Gesetzgeber, in: Scherpe, Jens M/Yassari, Nadjma (Hrsg.), Die Rechtsstellung nichtehelicher Lebensgemeinschaften; The Legal Status of Cohibitants, Tübingen 2005, S. 1 - 11.

Schiemann, Gottfried: Familiensinn und Erbfolge, in: Damrau, Jürgen/Muscheler Karlheinz (Hrsg.), Erbrecht und Vermögensnachfolge, System, Struktur, Vertrag, Festschrift für Manfred Bengel und Wolfgang Reimann zum 70. Geburtstag, München 2012, S. 331 - 343.

v. Schmitt, Gottfried: Entwurf eines Rechtes der Erbfolge für das Deutsche Reich nebst eines Einführungsgesetzes, Berlin, Reichsdr., 1879, Nachdruck 1984, Werner Schubert (Hrsg.), Erbrecht Teil 1, Berlin 1984.

Schröder, Rainer: Der Funktionsverlust des bürgerlichen Erbrechts, in: Mohnhaupt, Heinz (Hrsg.), Zur Geschichte des Familien- und Erbrechts, Frankfurt am Main, 1987, S. 281-294.

Schulze, Rainer/Grziwotz, Herbert/Lauda, Rudolf (Hrsg.): Gesetzesformulare, Bürgerliches Gesetzbuch, Kommentiertes Vertrags- und Prozessformularbuch, 5. Buch, Erbrecht, 3. Auflage, Baden-Baden 2017.

Schumann, Eva: Das nichteheliche Kindschaftsrecht – Perspektiven und Visionen, in: Dagmar Coester-Waltjen, Dagmar/Lipp, Volker/Schumann, Eva/Veit, Barbara (Hrsg.), Reformbedarf im nichtehelichen Eltern-Kind-Verhältnis, 10. Göttinger Workshop zum Familienrecht 2011, Göttinger Juristische Schriften, Band 13, Göttingen 2012, S. 3 - 8.

Schwab, Dieter: Familienrecht, 25. Auflage, München 2017.

Ders.: Familiäre Solidarität, FamRZ 1997, 521 - 528.

Ders.: Die Begriffe der genetischen, biologischen, rechtlichen und sozialen Elternschaft (Kindschaft), in: Schwab, Dieter/Vaskovics, Laslo A. (Hrsg.), Pluralisierung von Elternschaft und Kindschaft, Familienrecht, - soziologie und - psychologie im Dialog, Sonderheft Zeitschrift für Familienforschung/Journal of Family Research, 2011, S. 41 - 56.

Ders.: Soll die Rechtsstellung der Pflegekinder unter besonderer Berücksichtigung des Familien-, Sozial- und Jugendrechts neu geregelt werden?, Gutachten für den 54. Deutschen Juristentag, A 62 – A136, München 1982.

Ders.: Wertewandel und Familienrecht, Schriftenreihe der Juristischen Studiengesellschaft Hannover, Heft 22, Hannover 1993.

Schwenzer, Ingeborg: Grundlinien eines modernen Familienrechts aus rechtsvergleichender Sicht, RabelsZ 71 (2007), 705–728.

Ders.: Empfiehlt es sich, das Kindschaftsrecht neu zu regeln?, Gutachten A für den 59. Deutschen Juristentag, Hannover 1992, München 1992.

Ders.: Tensions between Legal, Biological and Social Conceptions of Parentage, in: ders. (Hrsg.), Tensions between Legal, Biological and Social Conceptions of Parentage, Antwerpen, Oxford, 2007, S. 1 – 26.

Ders.: Vom Status zur Realbeziehung. Familienrecht im Wandel, Baden-Baden 1987.

Soergel, Theodor: Bürgerliches Gesetzbuch mit Einführungsgesetz und Nebengesetzen: BGB, Band 17/1: Familienrecht 1, §§ 1297 - 1588 BGB, 13. Auflage, Stuttgart 2012.

Staude, Birgit: Der Brockhaus, Recht, Mannheim, 2002.

v. Staudinger, Julius: Kommentar zum Bürgerlichen Gesetzbuch, 4. Buch Familienrecht, §§ 1363 – 1563 (Eheliches Güterrecht), Neubearbeitung Berlin 2007; 4. Buch, Familienrecht, §§ 1589 – 1600d (Abstammung), Neubearbeitung Berlin 2011; 4. Buch, Familienrecht §§ 1684 – 1717 (Elterliche Sorge 3, Umgangsrecht), Neubearbeitung Berlin 2014; 4. Buch Familienrecht §§ 1741 – 1772 (Adoption), Neubearbeitung Berlin 2007; 5. Buch Erbrecht §§ Einleitung zum Erbrecht; §§ 1922 – 1966 (Erbfolge), Neubearbeitung Berlin 2008; 5. Buch Erbrecht, §§ 2064 – 2196 (Testament I), Neubearbeitung Berlin 2003 (zit.: Staudinger/Bearbeiter).

Stöcker, Hans A.: Die Neuordnung der gesetzlichen Erbfolge im Spiegel des mutmaßlichen Erblasserwillens, FamRZ 1971, 609 - 618.

Strätz, Hans-Wolfgang: Rechtspolitische Gesichtspunkte des gesetzlichen Erbrechts und Pflichtteilsrechts nach 100 Jahren BGB, FamRZ 1998, 1553 – 1567.

Stumpf, Cordula, Verlöbnis und Vorpartnerschaft im Erbrecht, JURA 2013, 334 – 344.

Süß, Rembert (Hrsg.): Erbrecht in Europa, Angelbachtal 2008.

Träger, Jutta: Familie im Umbruch. Quantitative und qualitative Befunde zur Wahl von Familienmodellen, Wiesbaden 2009.

Tilch, Horst; Arloth, Frank (Hrsg.): Deutsches Rechts-Lexikon, Band 3, 3. Auflage, München 2001.

Uhle, Arndt: Abschied vom engen Familienbegriff – Zur Rejustierung des bundesverfassungsgerichtlichen Familienverständnisses, NVwZ 2015, 272 - 275.

Vascovics, Lazlo A.: Segmentierung und Multiplikation von Elternschaft, Konzept zur Analyse von Elternschafts- und Elternkonstellationen, in: Schwab, Dieter/Vascovics, Lazlo A. (Hrsg), Pluralisierung von Elternschaft und Kindschaft, Familienrecht, -soziologie und -psychologie im Dialog, Sonderheft Zeitschrift für Familienforschung/Journal of Family Research, 8, Leverkusen 2011.

Veit, Barbara: Kleines Sorgerecht für Stiefeltern, FPR 2004, 67 – 73.

Visher, Emily B./Visher, John S.: Stiefeltern, Stiefkinder und ihre Familien. Probleme und Chancen, München 1987.

Vollmer, Jeanette: Verfügungsverhalten von Erblassern und dessen Auswirkungen auf das Ehegattenerbrecht und das Pflichtteilsrecht, Dissertation, Frankfurt a.M. 2001.

Wilke, Christine: Die Adoption minderjähriger Kinder durch den Stiefelternteil, Tübingen 2014.

Will, Annegret: Wer ist Vater im Sinne des Gesetzes?, FPR 2005, 171 – 177.

Windel, Peter A.: Über die Modi der Nachfolge in das Vermögen einer natürlichen Person beim Todesfall, Heidelberg 1998.

Ders.: Status und Realbeziehung, in: Lipp, Volker/Röthel, Anne/Windel, Peter A. (Hrsg.), Familienrechtlicher Status und Solidarität, Tübingen 2008, S. 1 - 51.

Ders.: Lebensformen – Status – Personenstand: Grundlagen und Probleme, StAZ 2006, 125 - 133.

Zacher, Hans F.: Pflichtteil und intergenerationelle Solidarität, in: Röthel, Anne (Hrsg.), Reformfragen des Pflichtteilsrechts, Köln 2007, S. 135 – 150.

Zöpfl, Heinrich: Deutsche Rechtsgeschichte /1: Geschichte der Rechtsquellen, Braunschweig 1871.